本教材系 2021 年度教育部人文社会科学研究项目"世界文化遗产丽江古城的数字记忆构建研究"（21XJA870001）、2021 年云南省研究生核心课程"档案管理研究"（cz22622202）阶段性成果

胡 莹 钱 红 郭丹燕 张夏子钰 / 著

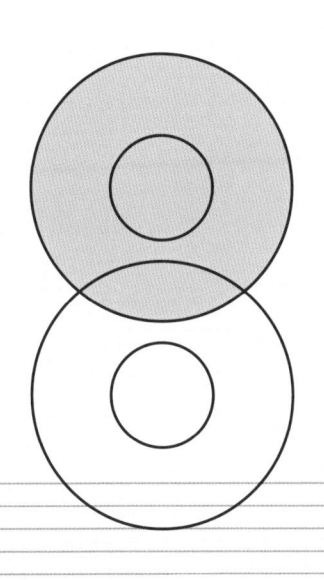

# 档案信息资源开发利用综合实训教程

社会科学文献出版社
SOCIAL SCIENCES ACADEMIC PRESS (CHINA)

本教材系 2021 年度教育部人文社会科学研究项目"世界文化遗产丽江古城的数字记忆构建研究"(21XJA870001)、2021 年云南省研究生核心课程"档案管理研究"(cz22622202)阶段性成果

胡 莹 钱 红 郭丹燕 张夏子钰 / 著

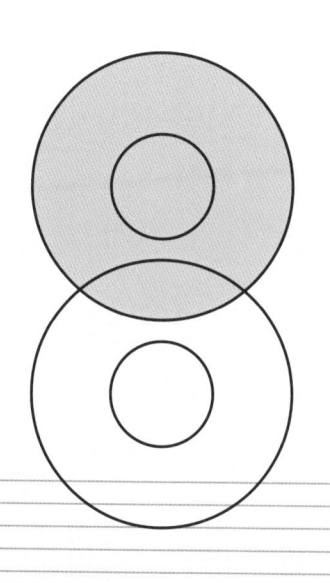

# 档案信息资源开发利用综合实训教程

社会科学文献出版社
SOCIAL SCIENCES ACADEMIC PRESS (CHINA)

# 序 言

## 一

教育兴则国家兴，教育强则国家强，建设教育强国，是全面建成社会主义现代化强国的战略先导。自2000年以来，高等教育改革不断深化。《教育部 国家发展改革委 财政部关于引导部分地方普通本科高校向应用型转变的指导意见》（教发〔2015〕7号）、《国务院办公厅关于深化高等学校创新创业教育改革的实施意见》（国办发〔2015〕36号）、《教育部关于加快建设高水平本科教育全面提高人才培养能力的意见》（教高〔2018〕2号）等文件中都明确规定加强实践教学和改革教育方式等内容。

2018年教育部高等学校教学指导委员会编写的《普通高等学校本科专业类教学质量国家标准》要求档案学专业课程体系总体框架由理论课程、实践教学、论文（设计）三部分组成。实践教学可以理解为实践与培训的简称，其重点是有针对性地对学生进行培训后，以学生自身为主导开展实践。实训课程能够使实践环节较好地融入档案学教学体系中，形成理论与实践相结合的教学模式，引导学生主动地、有创造性地学习，提高学生的理论应用和实践操作能力。

国家档案局原局长陆国强在2020年全国档案局长馆长会议上的报告中指出："档案科技与信息化是推动档案事业转型发展的重要驱动力，要充分发挥科技创新在档案事业发展中的支撑作用，加快实现以档案信息化为核心的档案管理现代化。"在大数据战略加速推进的背景下，档案工作将不可避免地卷入数据化的浪潮。档案数据急剧增长，类型日趋多样，档案信息资源的载体逐渐由传统纸质材料转变为能够在线传输的机读文件。计算机成为开展档案收集、鉴定、整理、保管、检索、统计、编研、利用等工作环节的重要工具，要求档案工作者应当具备良好的数据素养，掌握必要的信息技术。2020年11月3日召开的新文科建设工作会议上明确了"新文科"就是文科教育的创新发展，新文科建设要培养适应新时代要求的应用型复合型文科人才。面对新形势下的档案事业建设的需要以及广泛多元的社会需求，档案学专业教育需要树立创新的观念，加强实用信息技术的学习。

云南大学历史与档案学院已面向档案学专业本科生连续五年开设了"档案信息资源开发利用实训"一课，以实训课形式将数字化处理技能架构于专业理论知识框架之上，有利于学生尝试将较为抽象的专业对象转变、编辑、制作成为生动形象的具体成果，增强学生的专业认同感。根据往届学生们的课后反馈，大家对实训教学法比较满意。之前，该实训课未能找到内容与之匹配的教材，故自编一部教材成为迫切任务。本教材包括前言与主体两个部分，前言包括引导学生思考档案管理工作与计算机技术的联系，介绍与分析第一、二、三届全国档案学大学生课外科技竞赛典型作品，梳理与说明计算机软件和课程设计思路。教材主体将按软件用途分类，分别实施课堂操作演示、关联知识拓展、案例讲解以及教学资源等，意在拓宽学生的自学途径，便于线上线下的实训教学，辅助学生学习理论知识和实践技能，提升与转变档案事业给人固有的定位与印象，为投身档案事业的建设做出更为积极的尝试。

## 二

自1984年办学以来，云南大学档案学相关部门一直担任教育部档案学教指委副主任委员单位，2018年成为云南省档案学教指委依托单位。2006年起获得图书情报与档案管理一级学科硕士学位和档案学、历史文献学二级学科博士学位授予权，是云南省，乃至西南地区唯一具备培养本硕博档案学人才资格的高等教育单位。2016年全国第四轮学科评估等级为"B"，2018年云南省专业综合评价等级为"B"，在国内具有较高的影响力。

云南大学档案学专业培养具有系统档案学理论，掌握现代档案管理技能的高层次档案人才，力争打造全国一流档案学人才培养基地。近年来，云南大学档案学相关部门根据本专业建设的现实情况和建设要求，通过制定"厚基础、硬专业和强能力"的人才培养方略、创新"新内容、新方法和新工具"的课堂教学革命、推动"全教员、全过程、全方位"的思想政治教育以及执行"重研究、建基地、强实践"的实践教学模式等手段,多角度、多举措深化综合改革。

《档案信息资源开发利用综合实训》一课源于《档案计算机管理》,系云南大学档案学专业必修课。该课旨在通过对档案管理工作各环节的理论与实践讲授,以类型多样的课外实践成果激发学生对专业问题进行深入思考,借助丰富案例教学方法,从实践层面巩固学生的专业素养。本课程大致将教学目标分解为三个方面:首先,通过对各类软件的学习与操作,能熟练运用这些软件,掌握计算机技术运用于档案管理全过程的方法;其次,通过对各类软件特点的了解,学生能找到最适合档案管理工作的信息化开发利用路径,基于档案管理软件的操作,培养后保管时代的工作意识与创新思路;最后,通过对照教育部档案学教指委以及各类大创项目的申报条件,结合课程软件内容,以完成项目为主要学习方式,学会举一反三的运用与档案管理有关的软件,挖掘与培育现代化信息社会所需的业务素养。

多年来,面向档案学专业本科生开设的"档案信息资源开发利用综合实训"课程,在保留少部分理论概念的基础上,任课教师对从课程教学结构、授课方式、考核方式等方面,对课程内容做了较大升级与完善。结合该课实训特质,任课教师基于档案工作规范,根据档案管理八个环节内容与目标,将与档案管理具体工作开展关联的一系列软件作为教学对象,以讲授、演示与操作各种软件的方式推进教学工作的开展。实训课设在多媒体教室或智慧教室授课,将软件学习分为教师讲授与学生演示两个部分。而考核方式相比以往有所调整与改革,采用分组制作项目的形式进行学习考核。各组在准备项目时,可自主选取与本专业相关的对象作为研究主题,通过运用所学的计算机技术对研究主题加以编研,以研究报告、微电影、软件程序等方式作为项目最终呈现形式。每个项目在实训课开课之初便选取导师,之后,通过开题确定研究主题,经过中期检查等步骤,最终以现场展示作品的方式提交研究成果。考核的内容与要求严格参考教育部高等学校档案学专业教指委举办的大学生课外科技竞赛,将实训课的优秀期末作业作为每两年一届的课外科技竞赛参赛项目加以培育。纵观项目,近年来的选题较为丰富,诸如南侨机工档案保护、民族档案资源库建设、医疗档案管理APP设计、社工机构档案可视化指南等都是获得好评的项目。为了开拓学生视野,完善选题思路,任课教师也带领学生前往云南省档案馆、昆明市档案馆、云南省非遗中心、昆明市博物馆、云加益社工机构等地进行参观学习，并在每年6月9日国际档案日与云南省档案馆、云南大学档案馆进行合作，共同举办各类"国际档案日"宣传活动。以上一系列活动围绕实训课展开，力求实训课以模块式、体验式、交互式方式授课，确保学生真正学习到与专业相关的操作技能，并通过项目制作提升学生的专业素养与培养社会责任。

本课程旨在形成一套适于师生创新的开放式教学方法，以实训课程为基石，以其种类丰富、形式多样、更新快速的技术为学习内容，在确保教学目标与培养目标一致基础上，形成多元灵活的教学方法，由此可以试点促推广构建人才培育良好模式，培养具备档案素养的专业人才，从师生意识统一以及课程教学目标与专业培养方案统一的双渠道，培育能够适应新时代社会对档案事业需求的人才。

本教材适用于各高等院校档案学、信息资源管理等专业的本科生以及开设实训课程的相关专业人员。由于编者学识及教学经验有限，本书中难免存在诸多疏漏，恳请各位读者谅解与指正。

# 目 录

| 前 言 | 001 |

**第一章 文档处理软件实训** 025
    一 互动课堂 025
    二 实景课堂练习 030
    三 关联知识 040
    四 案例鉴赏 044

**第二章 图像处理软件实训** 045
    一 互动课堂 045
    二 实景课堂练习 047
    三 关联知识 063
    四 案例鉴赏 067

**第三章 音频处理软件实训** 068
    一 互动课堂 068
    二 实景课堂练习 070
    三 关联知识 087
    四 案例鉴赏 091

**第四章 视频处理软件实训** 092
    一 互动课堂 092
    二 实景课堂练习 096
    三 关联知识 129
    四 案例鉴赏 133

## 第五章 网页设计软件实训 …… 134
　　一　互动课堂 …… 134
　　二　实景课堂练习 …… 139
　　三　关联知识 …… 158
　　四　案例鉴赏 …… 162

## 第六章 电子杂志软件实训 …… 163
　　一　互动课堂 …… 163
　　二　实景课堂练习 …… 165
　　三　关联知识 …… 177
　　四　案例鉴赏 …… 179

**参考文献** …… 180

# 前　言

## 一　互动课堂

### (一) 档案工作中哪些环节可以运用到数字化技术？

1. 部分学生认为档案收集环节可以运用到数字化技术。在档案收集阶段，档案馆在收集各个单位移交的档案时，可以运用档案管理软件通知各单位应当移交的档案类型，并规定移交时间。各单位的电子文件可直接在系统里移交给档案馆。纸质档案可以扫描上传到系统中。此外，也有学生指出，进入数字时代，对多元异构的档案资源进行收集时需要运用到数字化技术。以新冠病毒感染档案为例，在防控期间，我国产生了海量的照片、音视频及网页档案，这些档案在来源、内容、载体等方面存在多元异构、复杂多样等特征，因此需要利用数字化技术进行采集和处理。如依托数字化技术对凭借数字代码记录的与新冠病毒感染相关的人类活动信息进行初步数字化保存，通过扫描、OCR 识别等信息技术手段进行新冠病毒感染档案对象的获取、处理和识别等。

2. 部分学生认为在档案整理阶段可以运用档案管理软件设置档案的分类目录。

3. 部分学生认为在档案保管阶段可运用数字技术调节档案库房的温湿度，同时，档案的借出和归还可以在档案管理软件上进行。

4. 多数学生认为档案工作的各个环节均可运用数字化技术。收集环节数据的录入、整理环节的著录和索引、保管阶段的数字化计量、利用环节的主题关键词搜索等都可以利用数字化技术。如数据库检索、网上服务利用平台等。

5. 部分学生认为在对档案资源进行数字化加工过程中，因资源类型多样，应采用不同的数字化加工技术，如对历史信件全文进行无格式数字文本转换、高清扫描和拍照等。在深度挖掘与开发档案资源时，可以借助文本挖掘技术分析档案资源受众对象特点与需求，设计多元化的展现形式，构建档案资源内容的知识聚合图谱。

**小结**：绝大多数学生认为档案工作管理水平的高低与数字化技术运用程度有着直接关系。比如，档案收集阶段是运用数字化技术的开端与基础，这项工作的科学化开展与标准化完成能为后续工作的推进做好扎实的铺垫，尤其是对档案信息资源的挖掘与开发，更离不开新技术的支持。数据时代，档案工作的规范化管理也需要数字化技术的全程介入。

### （二）档案工作人员应具备什么样的业务能力？

1. 部分学生认为档案工作者应具备扎实的专业基础知识。有学生指出，档案工作人员是档案管理的主体，在档案管理的各个流程、各环节都应该具有扎实的理论和实践基础。要掌握文书学、档案管理学、档案文献编纂学、档案保护技术学等档案学专业基本知识，掌握档案理论知识、档案网络技术、管理学、风险评估等多方面的知识。

2. 部分学生认为档案工作者应具备较高的综合文化素养。需要有良好的文字表达能力、写作技能，也需要有一定的文学知识、历史知识、汉语知识素养，以及处理日常文书的能力。

3. 部分学生认为档案工作者应具备一定的信息技术能力。包括熟练运用档案信息系统，掌握简单的编程语言，熟练操作与档案工作相关的计算机软件系统等。随着新兴技术的发展，信息化技术正融入工作、生活的方方面面，无论是文件的产生还是传递、归档都与电子化、数字化有或多或少的联系，因此，具备一定的信息技术能力将有助于档案工作人员更好地做好档案工作。档案工作者应加强对信息技术、计算机、科技软件等现代科学新技术的学习，掌握并运用现代化科技手段和先进操作管理技术，能运用现代高新技术熟练完成自己的工作。

4. 部分学生认为档案工作者应具备熟练的实际操作技能。要熟悉自己所从事的工作，具体包括档案的归档立卷、收集、整理、鉴定、利用和保护等。应具有收集、整理、保管档案的能力，熟练使用办公软件及档案管理软件的能力，检索和统计档案的能力，有向用户提供服务的能力，运用电子设备等现代高新技术手段熟练完成自己业务的能力。

5. 部分学生认为档案工作者应具备良好的政治素养和职业道德。档案工作作为社会主义建设事业的重要组成部分，要求档案工作人员无论在哪种情况下，都必须维护档案和历史事实的原貌，不能随意篡改和歪曲档案的内容。要熟悉有关业务规范，具有信息意识、保密意识、服务意识，有较强的责任心和自制力。

6. 部分学生认为档案工作者还应具备创新意识、继续学习能力、沟通协调能力、管理能力等综合素质。要及时发现日常工作中存在的弊端，对其进行研究及分析，在尊重和借鉴前人经验和成果的基础之上创新思维模式和管理模式，使档案管理工作能够与新形势发展要求高度符合，不断推进档案事业向前发展。档案人员除了掌握档案学基本知识，还要主动学习其他学科知识，以开阔视野，增长见识。档案工作的性质决定了工作人员应具有足够的耐心，并且要耐得住寂寞。

**小结**：绝大多数学生认为档案工作集专业性、技术性、科学性于一体，档案工作人员应该具有复合型业务能力。档案工作人员既要有专业基础知识、实际操作技能，也要有综合文化知识、信息技术能力，还要具备良好的政治素养和职业道德，要成为集创新意识、学习能力、沟通协调能力、管理能力等综合素质于一身的综合性人才。

### （三）"雅努斯"是一个什么形象的人物？

1. 大部分学生认为"雅努斯"是有两面头像的古代传说形象。在早期的雅努斯像上，他是长胡子的两面人，后来是不长胡子的两面人，一副面孔年轻，一副面孔年老。人们一般解释其为一面面向过去，一面面向未来，即回望过去和眺望未来。其标志是钥匙和手杖。

2. 部分学生认为雅努斯是古罗马神话中的护门神。在古希腊及古罗马，它是象征开端与终结的神；而在古代意大利则象征岁月更替与万物终始。神话故事中天门由它把守，在现代社会中它也常被认为是"门神"或者"守门人"的形象。传说只要在一天事务开始之前祭拜雅努斯，就可以顺心如意度过一天。

3. 部分学生了解到雅努斯形象与档案工作有深刻的联系。1994 年 4 月 15 日以前，国际档案理事会一直以雅努斯的形象作为会徽，它的出版物——《护门神》也由此得名并在其封面饰以雅努斯头像。

4. 部分学生认为"雅努斯"的两面头像象征档案工作既要保存过去人们走过的踪迹，又要把今天的足迹留给后人。即既要回望过去，又要面向未来。档案工作的双重性特征，尤其是过去与未来的关系，能够在雅努斯形象中得到生动的表达。

**小结**：大部分学生了解到"雅努斯"是古传说中有两面头像的护门神形象，象征开端与终结，也象征岁月更替与万物终始。少部分学生还了解到"雅努斯"形象与档案工作有深刻的联系，国际档案理事会一直以雅努斯的形象作为会徽；档案工作的双重性特征，尤其是过去与未来的关系，能够在雅努斯形象中得到生动的表达。另有少部分学生对"雅努斯"的形象暂不了解。

## （四）如何理解档案信息化建设？

1. 部分学生对档案信息化建设的基础做出解读。档案信息化建设的基础包括行政规划、信息资源、人才、制度、信息技术、数字化设备等方面。档案信息化建设要在国家档案行政管理部门的统筹规划下，以档案信息资源建设为核心，以信息人才为依托，以信息技术广泛应用为主导，以信息网络、数字化基础设备（硬件）为基础，以档案信息法规、政策、标准为保障。

2. 部分同学对档案信息化建设的意义做出解读。档案信息化简化了档案信息的收集、整理、查询等工作流程，全方位提高了档案信息资源收集、管理和提供利用的服务水平与工作效率，促进了档案资源的开发利用。是对档案管理服务理念的变革，改变了传统的档案管理方式，能够加速档案管理现代化的进程，提高档案工作的现代化水平，适应数字时代的社会发展。

3. 部分同学对档案信息化建设的目标做出解读。一是实现信息化建设。运用现代信息技术对档案的生成、管理、利用提供支持，用数字的形式，借助数字化设备，将档案保存为数字信息。二是信息化建设成果的运用。通过信息化技术实现档案信息接收、传递、存储和利用的一体化，更好地保存、挖掘、利用档案信息，简化文件传递流程，实现无纸化办公，提高工作效率。三是信息资源的高度共享和档案管理模式的变革。将档案信息资源整合起来，实现档案资源的社会共享，更好地为广大人民服务。

4. 部分同学对档案信息化建设的实现路径做出解读。一是对传统档案内容的数字化加工处理，将纸质档案记载的内容转化为二进制的形式记录在计算机中；二是对档案工作进行信息化改造，通过信息化系统将文件从产生到归档整合到同一套系统中。通过档案管理软件进行档案资料的数字化，如档案数据库、档案网站等。

5. 部分同学对档案信息化建设的特点做出解读。一是档案信息化应广泛借助现代信息技术，不仅包括计算机，还包括有线电视、手机等其他方面的新技术。二是档案信息化重在信息资源开发利用和信息安全建设，重在提供方便快捷的服务，是对传统档案管理方式的改革。三是档案信息化不仅包含档案自身的工作，还包括对档案业务和档案服务对象的工作。四是档案信息化充分利用包括计算机网络在内的各种现代信息载体，同时不排斥其他形式载体的存在价值和应用价值，包括纸质等传统载体，注重多措并举、相辅相成。五是档案信息化工作应围绕信息流而非静态档案信息展开。

小结：所有同学都对档案信息化建设提出了自己的观点，归纳为档案信息化建设的基础、意义、目标、实现路径、特点等方面。总的来说，档案信息化建设需要行政规划、信息资源、人才、制度、信息技术、数字化设备等方面的支持，通过数字化加工处理和信息化改造等方式，实现信息化的构建和运用，从而实现信息资源的高度共享和档案管理模式的变革，有助于提高工作效率、改进服务质量。

## （五）档案编研中可以用到哪些数字化软件？

1. 部分学生认为档案编研中可以用到数据采集类的软件。如扫描软件、录音录像软件、文字识别软件等，具体如扫描全能王等。

2. 部分学生认为档案编研中可以用到数据处理类的软件。如一般办公软件、视频编辑软件，以及包含整理登记、著录、档案扫描、图像优化、数字化质检、成果导出等功能的档案数字化加工软件等。

3. 部分学生认为档案编研中可以用到数据管理类的软件。如数据库、资料库、档案管理软件等，特别是具有关键词检索功能的数据库，以及用于管理硬件存储设备的U盘设置软件等。

4. 部分学生认为档案编研中可以用到数据展示类的数字化软件。如网页设计软件（Frontpage）、电子杂志软件等。

**小结**：部分对数字化软件有所了解的同学提出了档案编研中可以用到数据采集、数据处理、数据管理、数据展示的数字化软件，并列举了具备扫描记录、数码记载、声像处理、数据库、网页设计等功能的软件。但还有部分同学对档案编研中运用到的数字化软件暂时不了解。

### （六）文化遗产如何建档处理？

1. 部分同学提到文化遗产建档的具体步骤。在借鉴档案管理基本理论的基础上，从"收集—整理—鉴定—保管—利用"五个基本环节对文化遗产建档进行初探。一，收集环节。收集是建档的前提和基础，直接决定文化遗产档案管理工作的质量。应按照真实性、及时性和系统性原则进行档案收集，包括文化遗产项目申报与保护中形成的档案、本体档案以及传承人档案等内容。二，整理环节。对收集的文化遗产档案进行系统分类、排列和科学编目，使之系统化、条理化。在整理过程中应严格遵循有机联系、动态整理、分级整理的原则，建立文化遗产档案全宗，并对全宗内的文化遗产档案进行分类、立卷、案卷编目等。三，鉴定环节。文化遗产档案的多样性、复杂性、分散性等特征给文化遗产档案的鉴定工作带来了一定难度，管理者必须根据基本鉴定理论，结合文化遗产档案的特点开展鉴定工作。成立文化遗产鉴定小组，依据相关鉴定原则、标准与方法对文化遗产档案进行综合鉴定。四，保管环节。文化遗产档案类型繁多、载体多样，因此其保管工作比普通档案保管工作更显复杂。我国对文化遗产实行国家级、省级、市级、县级分级保护制度，不同级别的文化遗产档案保管也应执行国家文化政策的基本要求，遵循分级保管的原则。由于文化遗产大多散落民间，我们要在允许实体分散的同时，做好文化遗产档案信息记录，实行信息的集中管理。另外，还要有针对性地区分不同载体形式加以保管。五，利用环节。文化遗产由于内容和形式的独特性，在利用的基础上应加强档案展览、档案编研、档案数字化建设、档案网络化安全建设。

2. 部分同学谈到文化遗产建档的工作原则是针对性保护、选择性开发。

3. 部分同学谈到文化遗产建档工作中的注意事项。一是多元合作。档案馆和文化遗产管理中心等相关机构要加强合作，对于非实体的档案，要与非物质文化遗产传承人紧密联系。二是信息收集全面。文化遗产的历史、内容、保护措施及情况都是需要收集的内容。可根据其特点选择拍照、录音、录像等方式,部分具有立体结构的不可移动文化遗产还可以建立等比模型,尽可能地还原文化遗产。三是需要国家政策支持。部分同学认为文化遗产建档工作中,档案部门能做的只是记录,记录下历史中有这样一种文化现象,长期来看,还是要靠国家一体多元的文化发展导向,来支持文化遗产的保护和发展。

4. 部分同学谈到文化遗产建档过程中的信息化技术运用。如纸质档案电子化,通过电子浏览借阅,降低纸质原件的损耗,在保护好非物质文化遗产的同时,也让更多人了解这些知识。

**小结**:大部分同学认为文化遗产建档是一项复杂而长期的工作,按照针对性保护、选择性开发的原则,借鉴档案管理基本理论从"收集—整理—鉴定—保管—利用"五个基本环节对文化遗产进行建档。其中需要国家的政策支持、多元化的合作、信息技术的运用,以实现信息的全面收集。

### (七)社会公众对档案事业了解多少?

1. 部分同学认为社会公众对档案事业不够了解。除了业内人士,一般人少有接触档案馆的机会,很少用到档案,认为档案工作是闲职。

2. 部分同学认为社会公众只知道档案很重要,但不知道具体有多重要。对档案事业了解少,对档案的了解仅停留于字面意思。

3. 部分同学认为档案事业无人问津。档案工作的准入门槛较低,只要读书识字,任何人都能做到基本的档案整理和分类,很多企业并不需要档案学专业人才来从事档案工作,由此间接导致开设档案学的高校不多,形成一种循环,如此一来档案学就只是一个小众学科,公众并不清楚档案的具体内涵是什么,对档案事业仅有一个模糊的认识。

4. 部分学生认为社会公众对档案事业的了解程度和经济社会发展程度存在一定关系。经济发达城市社会公众的档案意识普遍较高,而经济欠发达地区的社会公众对档案还比较陌生。

5. 部分学生认为社会公众对档案事业的了解程度有差异。表现在三方面。一是社会公众是否知道政府设有档案局、国家综合档案馆,是否了解进馆办事人数,是否了解《档案法》。二是社会公众对档案馆保管功能的看法，对档案馆作为政府公开信息查阅中心功能的认知，在日常工作中是否有意识将重要文件材料交由档案部门保存，对个人人事档案放在当地档案馆永久保存的必要性认识。三是是否有意识收集并保存自己及家人的成长、学习、工作生活的记录、凭证等重要资料；在整理家庭档案时是否需要档案部门专业指导。

小结：大部分学生认为社会公众对档案事业不够了解，了解也仅限于知道档案很重要，少有接触档案馆的机会，对具体的业务也不了解。档案工作的准入门槛较低，公众认为档案工作是闲职。另外，部分同学认为社会公众对档案事业的了解程度与经济社会发展的情况存在一定关系。其了解的程度从档案宣传普及情况、档案馆作用认知情况、家庭档案建设情况三个方面得到体现。

### （八）档案机构通过哪些渠道宣传自己？

1. 部分同学认为可以从线下活动渠道宣传档案工作。通过档案展览、开展档案讲座等方式进行宣传。另外结合爱国主义教育主题，在国际档案日发传单、拉横幅、发放小册子等。

2. 部分同学认为可以通过网络渠道宣传档案工作。利用新媒体平台吸引公众，如开设微信公众号、微博、专业网站，开展线上答题有奖宣传等活动。

3. 部分同学认为可以结合馆藏特色、针对公众需求做宣传。档案馆应充分发挥馆藏优势进行内容宣传，如通过加强特色档案资源的深度开发，针对公众的需求特点，提供不同层次、不同形式的宣传和服务。

4. 部分同学认为可以综合新媒体与传统媒体进行宣传。一方面，在传统媒体背景下，档案馆可通过档案文献编研、档案刊物出版、档案展览、档案题材广播及电视节目等途径进行档案工作宣传；另一方面，档案馆可借助文字、图像、视频编辑和动画制作软件，编制图文并茂的电子图书、电子期刊、电子报纸或专题短视频，主动利用快速高效的新兴媒体（如网站、微博、微信公众号等），分阶段经常性地推送档案服务。

5. 部分同学认为档案馆可以向博物馆学习，并以自身特色吸引公众。一方面发挥档案的文化价值，通过文娱产业进行宣传；另一方面解决档案馆经费不足、人员不足、思想保守、对档案开发不彻底等问题，利用公众事件找到自己的出路，吸引公众目光。

**小结**：大部分同学认为档案机构的宣传应该从线上和线下两方面开展。结合线下活动，利用馆藏特色及机构特点，充分运用报刊、电台、网络等各种传播媒介来开展档案宣传工作，形成平面媒体、广电媒体、网络媒体相呼应的立体宣传效果。

**（九）档案事业的未来可以设想为哪些场景？**

1. 部分同学设想档案事业与信息化的结合。档案工作方面：将档案资源整合在一个系统内，可以简化服务，归档保管工作高度智能化，能够进行线上查档阅档。资源展示方面：利用虚拟现实（VR）、增强现实（AR）技术还原历史场景，甚至在历史场景中加入互动环节。社会革新方面：为每个人开设一个数据系统，以进行数字存档，类似 ATM 一样推出人工智能自助服务。

2. 部分同学能够想到档案服务理念的变革。档案事业将为社会公众提供专业、严谨的信息管理服务，涵盖个人生活的更多维度，但始终立足于"有保存价值的原始记录"这一档案视角，以区别于简单的信息存储工作。

3. 部分同学想到档案机构职能的变化。档案馆承担更多文化活动，举办各类展览，普及相关知识，像博物馆一样打造主题展览，作为像图书馆一样的文化服务机构，也可以提供免费自习室。

4. 部分同学想到未来档案机构与其他机构的合作与联系。公众、商业组织、公益组织、其他记忆机构、技术支持方等，与档案机构共同建立更加丰富多元的资源体系，更多地参与从前端的管理至后端的开发利用，以协作的方式构筑一个反映更多声音的充满证据、记忆与资源的档案世界。

5. 部分同学想到政策引导下的档案事业机遇。一是在智慧社会的驱动下，数字化更加充分。二是智能技术赋能使得档案空间升级为智慧空间。各级各类数字档案馆（室）资源互信互联互通互用的实现，为档案活动提供资源基础，智能化技术应用于各项档案活动中，档案空间建设为具有智慧特质的信息系统并同智慧社会实现连接。

**小结**：结合智慧社会的政策驱动，同学们设想的档案事业的未来大都与信息化有关，认为在档案资源整合、资源展示方面都会产生较大的变革。

同时，档案馆作为文化服务机构，会加强与其他机构及社会组织的合作，开展新的服务活动。也将立足于"有保存价值的原始记录"这一档案视角，提供更专业、严谨的信息管理服务。

**（十）您对档案事业参与社会发展的期待如何？**

1. 大部分同学认为档案事业会日益参与到社会发展之中。档案事业以社会需求和发展现状为导向，档案与政府的行政效率有关，应用性很强。随着档案事业的发展以及档案知识的普及，会有更多的人更加了解档案，档案事业参与社会发展是大趋势。

2. 部分同学对档案事业参与社会发展提出了期待。档案事业的参与可以使社会在发展的过程中更加规范，希望档案能揭开神秘面纱，使社会个体能与之发生更多的互动，每一个人都能更多地了解、利用档案。档案能够渗透到社会发展之中，对文化、经济的发展起到推进作用，此外，还具有资政功能、休闲功能、知识分享功能。

3. 部分同学认为档案事业的文化自信价值会使其更好地参与社会发展。要让尘封的古籍、文物活起来，深度挖掘档案资源的文化价值，让档案中丰富的文物史迹、经典著作通过真实的史料、朴实的语言、生动的形式，呈现为具有现实意义的文化作品。如我国现存抗战文化档案内容丰富，各级档案馆都收藏有众多反映中国军民不怕牺牲、抗击日本侵略的档案文献。这些抗战档案对弘扬以爱国主义为核心的民族精神、坚定文化自信等有珍贵的发掘利用价值。

4. 部分同学认为档案事业的政治建设价值会使其更好地参与社会发展。要充分利用馆藏资源，抓住历史和现实的契合点，选准主题，把地域发展的过程脉络、历史变迁的经验教训总结整理出来，以提供及时准确的历史支撑和经验参考，有效地为地方政治建设、重大战略布局提供历史参考，发挥智库作用。如中央档案馆利用丰富的馆藏，汇编公布了大量党建档案文献，其成果主要有《中共中央文件选集》《中国共产党抗日文件选编》等，这些汇编成果收录了1921年到1945年期间党形成的重要档案文件。在开展党的思想建设、组织建设和制度建设等方面提供了重要历史经验。

5. 部分同学认为档案事业的民生工程建设价值会使其更好地参与社会发展。要牢固树立以人为本的理念，建立覆盖人民群众的档案资源体系和档案利用体系，立足于为人民群众解决实际问题，积极扩大档案接收范围，加强与人民群众利益密切相关的婚姻登记、社会保障、土地权证、医疗保险、劳动人事、计划生育等档案的接收工作，使档案馆成为存储人民群众信息、服务人民群众生活的民生型档案馆。

6. 少部分同学对档案事业参与社会发展的期待不高。认为档案是过去的东西，部分人懂得档案的价值，还有一些人却不知道档案是什么，档案参与社会发展，提供的是信息支持，在技术支持方面并不需要档案的参与。从文科学科的角度来说，档案学不是经济学、社会学等研究人类社会发展的学科，在某一领域的重大发现无法对当时产生重大影响，档案更像历史的记录者，目前只是在承前，对社会发展的影响是潜移默化的。

**小结**：大部分同学对档案事业参与社会发展持积极态度，认为档案事业的文化自信价值、政治建设价值、民生工程建设价值会使其日益参与社会发展，对个人和社会产生积极影响，发挥资政、休闲、知识分享等功能。但少部分同学认为公众对档案不了解，档案对技术支持的作用有限，对社会产生的影响较小，对档案事业参与社会发展的期待不高。

## 二　以往作品赏鉴

### （一）第一届全国高校档案学专业大学生课外科技竞赛作品

**作品1：档案信息图像隐藏软件**

1. 作品简介

互联网环境下的档案信息传输面临巨大安全风险。安徽大学团队综合运用档案学、密码学、信息学和计算机科学等多学科知识开发出档案信息图像隐藏软件，采用图像信息隐藏技术，利用特定的算法将加密过后的档案文字信息隐藏到图片中，可以解决档案信息长时间、多系统转换过程中的失真问题，提升档案信息在网络传输中的安全保障能力和公共服务能力。

2. 制作软件/关键技术

RSA加密算法

3. 成果形式

电脑软件

4. 现实意义

档案信息图像隐藏软件将档案信息加密后隐藏到图片中，为保密的数字化档案资源的网络归档及档案信息的利用创造条件。该软件还可以用于政府和企业信息系统，确保保密文件传输的安全性。同时，软件操作简便易用，提高了在文件管理部门、档案部门推广的可能性。

**作品2：社工机构档案整理方案设计**

1. 作品简介

如今，社工机构影响力虽不广泛，但其存在意义不容忽视。云南大学团队界定了社工机构领域档案整理的主体，在实地调研、电话访谈、参观观察后设计了社工机构行动类项目、自身运作类项目的档案整理方案，并给出案例参考，优化了社工机构档案的分类与组卷方法。

2. 制作软件/关键技术

Excel

3. 成果形式

设计报告

4. 现实意义

社会工作专业人才和社会工作机构，是直接提供社会工作服务的主体，社工机构又是吸纳社会工作人才的重要平台，对预防和解决当前社会发展中存在的各种问题，推动政府职能转变，创新社会管理和公共服务方式，改善民生具有重要意义。设计社工机构档案整理方案能够为这类机构的档案整理工作提供参考，既能促进社工机构工作的开展，又有利于丰富社会记忆。

**作品3：校史档案虚拟展览方案设计**

1. 作品简介

立足于山东大学百年来丰富的档案资源以及校史档案展览的前期成果，山东大学团队运用虚拟现实（VR）技术和增强现实（AR）技术搭建三维虚拟空间，在立体还原实体展馆的同时对档案资源进行深度开发，实现了不同校区对校史档案资源的跨时空利用。用户可通过VR智能可穿戴设备、WEB端口和WAP端口等平台，在虚拟世界中获得全方位沉浸式交互体验。

2. 制作软件/关键技术

AR技术、VR技术

3. 成果形式

VR智能可穿戴设备、WEB端口和WAP端口虚拟展览

4. 现实意义

在校史档案信息资源开发利用中应用虚拟现实技术，是新型技术在开发利用中的尝试，成果既有VR智能可穿戴设备，又包括计算机网页端和移动端的虚拟展览，能够让用户全方位地了解山东大学校史。实现校史资源跨校区的展览，推进了山东大学校史档案的推广普及工作。

## （二）第二届全国高校档案学专业大学生课外科技竞赛作品

**作品1：我为档案库房代言——中国古代档案库房知识宣传视频**

1. 作品简介

从宗庙到皇家档案库、私人档案库，档案库房都是保存档案的场所，汇集了人类社会的记忆。郑州大学团队制作了中国古代档案库房知识宣传视频，视频中古时的人、画与现代的人、音结合起来，历代皇帝将自己朝代库房的特点娓娓道来，展现档案库房的建筑、管理发展历程，从这个侧面体现我国档案事业的演变进步。

2. 制作软件/关键技术

活照片、CrazyTalk

3. 成果形式

视频

4. 现实意义

视频里我国古代的皇帝"开口说话"，讲述具有代表性的古代档案库房，会唱歌的皇帝和会说话的建筑富有创新性。内容重点突出，以视频为载体让观众看到大不一样的古画，生动有趣地为大众普及档案知识，拉近了公众与档案馆的距离，有利于档案馆服务大众形象的塑造。

**作品2：家有圣旨——明清文书之文化传承产品研发**

1. 作品简介

历史文书档案是社会历史发展的原始记录，是人们了解社会政治、经济、文化的重要资料，是国家宝贵的文化财富。挖掘历史文书档案的文化价值既可忆往昔，更可懂未来。中国人民大学团队基于文化传承的情怀，

以历史文书档案为魂，以现代 H5 技术为骨，呈现了另类的档案文化风貌，让尘封的历史文书"活起来"。

2. 制作软件/关键技术

H5

3. 成果形式

H5

4. 现实意义

移动设备的应用为用户带来了更多交互的机会，H5 能够实现无须下载、即点即用的信息的快速传播。作品运用 H5 技术挖掘历史文书档案的文化价值，将历史与现代相结合，知识性与趣味性并举，是档案宣传的一种尝试。同时，H5 具有良好的交互性，顺应公众日益增长的对互动参与体验的要求，让保管于档案馆的明清文书档案以易读的形式呈现在公众面前。

### （三）第三届全国高校档案学专业大学生课外科技竞赛作品

**作品 1：寻找徽州文书里的徽州记忆——基于 H5 模式的交互动画**

1. 作品简介

徽州文书承载了自宋代至民国 700 多年里一段段各具特色的徽州记忆，有 50 余万件，被誉为 20 世纪继甲骨文、汉晋简帛、敦煌文书、明清档案发现之后中国历史文化上的第五大发现。安徽大学团队借助安徽大学徽学研究中心资源，在家谱、书信、契书、官府文告等多个类型的徽州文书里探寻曾经的历史，设计了"徽州文书里的徽州记忆"系列交互动画产品，让档案在与用户的互动中再现古徽州风采。

2. 制作软件/关键技术

H5

3. 成果形式

H5

4. 现实意义

运用 H5 技术挖掘徽州文书档案，以交互动画的形式，实现徽州文书档案在内容与表现形式上的创新。动画通过多元视觉特效和丰富的页面增加用户的实时参与感，使观众在趣味互动中获得知识。可以应用在博物馆、档案馆或徽州历史文化景区作为宣传动画、辅助讲解的工具。

### 作品2：南洋遗梦——追忆遗留在滇缅公路上的英雄档案

1. 作品简介

南侨机工，是抗战时期由东南亚各国华人子弟组成的"南洋华侨机工回国服务团"。云南大学团队的作品基于"南侨机工"相关史实进行创作，以皮影戏为载体，结合原始档案影像资料，从个体人物入手，每一部分对应一个人物故事，串联成一条完整的故事线。借鉴云南省档案馆的科研成果，在介绍馆藏南侨机工档案的同时，展示了档案部门和档案工作者的工作，反映档案部门和档案工作者为抢救和保护这一珍贵档案所付出的心血。

2. 制作软件/关键技术

PR

3. 成果形式

视频

4. 现实意义

档案工作者肩负着拯救濒危档案，从宏观上引导社会记忆向活态性、可持续发展方向前进的责任。视频再现南侨机工在抗日战争时期毅然归国参与抗战的故事，展现南侨机工群体所具有的爱国主义精神。在现存档案资料和现有档案工作成果基础上以小见大，再现南侨机工抗战爱国事迹，从视觉和听觉方面唤起人们的记忆，唤醒渐被遗忘的历史记忆。

### 作品3：清水江文书流域分布图——"清"点"江"山

1. 作品简介

清水江文书是中国贵州清水江流域苗族侗族人民创造和保存的一种民间文献遗产，反映了贵州黔东南少数民族地区特定时期的历史环境和背景。现如今清水江文书分布较为分散，因此贵州师范学院团队对已有的清水江文书资源进行集中整合，制作成三维地图，借助浙江大学学术地图发布平台进行展示。

2. 制作软件/关键技术

GIS 技术

3. 成果形式

GIS 地图

4. 现实意义

清水江文书是弥足珍贵的学术资源，而电子地图是人们获取空间信息的便捷途径，清水江文书学术地图的成果将二者结合起来，把学术数据通过网络可视化的形式呈现出来，从而为人们的生活、学习、工作提供利用价值。学术界早已开始从空间视角研究人文领域的问题，未来很可能会有更多新主题、新内容通过地图展现出来，为科学研究、社会治理等提供重要参考。

**作品 4：清代宫廷常雩祭祀**

1. 作品简介

祭祀是古人极为重视的信仰活动，人们通过拜天地、祭神明，祈祷降福免灾。吉林大学团队以清代乾隆时期为时间背景，以祭天典礼中常雩大祭为主题，立足数字人文与档案资源开发，对《钦定大清会典》《钦定大清会典图》等档案所记录的清代宫廷常雩祭祀场景进行生动再现。

2. 制作软件/关键技术

Maya、PS、PR

3. 成果形式

动画视频

4. 现实意义

采用 3D 动画方式再现清代常雩祭祀场景，充分应用 3D 动画高度感知性的特点，给观众带来舒适的视觉体验，创新档案资源开发方式。通过档案原文记录与动画同屏的效果，展示中华祭祀文化，体现档案的记录作用，发挥档案的文化功能，让公众借助信息技术与历史对话，创新数字文化建设。

**作品 5：开埠春秋——上海租界档案 App**

1. 作品简介

1843 年，根据《南京条约》和《五口通商章程》的规定，上海正式开埠。1843～1943 年的上海租界传记，既是上海受外国势力掌控的屈辱史，也是上海对外开放的发展史。上海大学团队开发利用上海租界档案资源，结合空间视角和时间视角，立足于租界地标建筑与有关人物等档案资源，运用计算机技术开发基于 Android 9.0 系统的手机应用，以科技手段展示人文档案的活力，唤起上海近代发展的社会记忆，也给中国对外开放以新的启示。

2. 制作软件/关键技术

Visual Studio、PS、QGIS

3. 成果形式

安卓 App

4. 现实意义

"开埠春秋 App"开发档案信息资源的科技成果,同时具备文化价值与实际应用价值。采用 App 的形式,将零散的、沉睡的档案内容通过计算机信息技术展现,为公众提供更加便捷的走近近代上海历史的途径,激发公众主动利用档案的意识,唤起上海城市记忆。同时,App 有继续完善成为产品应用于旅游业和爱国主义教育的潜力。

### (四) 授课中的优秀作品

**作品 1:水墨丹青,兰台之声——中国档案事业史主题文创园区**

1. 作品简介

以中国档案事业史为主题,项目团队设计网站构建了具有较强互动性的科普档案知识的园区。云南大学 2017 级档案学专业本科生团队用网站展示了中国古代档案事业发展进程中典型事件的原创水墨画,每幅画作配有语音故事讲解。团队在水墨画的基础上开发设计了台历、帆布包、笔记本、鼠标垫等文创产品;改编歌曲、原创歌词宣传中国档案事业史,并制作中国档案事业史宣传视频作为歌曲 MV。

2. 制作软件/关键技术

Dreamweaver、Photoshop、Procreate、蜜蜂剪辑

3. 成果形式

文创产品、歌曲 MV、网站

4. 现实意义

中国档案事业源远流长,不同朝代具有不同的档案管理机构和管理方法,水墨画是对中国档案事业发展进程的凝练,让档案故事更具吸引力。项目体现了媒介融合的理念,以网站承载数字化成果,用二维码连接数字化成果与实物成果,有利于中国档案事业史的宣传,传播档案价值。

**作品 2：纸马玉堂前，飞虎逸事传——基于走马灯传统艺术形式的飞虎队档案价值呈现及传播**

1. 作品简介

飞虎队又称美国援华志愿航空队，飞虎队档案形成于 1941 年至 1946 年，承载了抗日战争期间以克莱尔·李·陈纳德为首的 100 多名飞虎队队员秉承人道主义精神，保卫滇缅公路、阻敌怒江的珍贵历史记忆。云南大学 2017 级档案学专业本科生团队对飞虎队档案、飞虎精神展开研究，将真实的历史事件改编成 5 段剧情故事，制作走马灯这一传统艺术形式的视频并配音，讲述飞虎队逸事，重现飞虎精神。

2. 制作软件/关键技术

蜜蜂剪辑

3. 成果形式

视频短片

4. 现实意义

2020 年美国最后一位飞虎队队员去世，随着岁月的流逝，"飞虎队"这一称呼逐渐离世人远去，但飞虎队合作共赢的精神，凝聚的历史记忆、家国情怀不应泯没。走马灯是我国民间的一项独特工艺，既贴近民众，又具有很高的艺术价值。将飞虎队的突出事迹赋予生动的故事情节，配合走马灯表演讲述，能够实现飞虎队史实的广泛传播，唤醒人们的记忆。

**作品 3：滇筝足迹**

1. 作品简介

滇式风筝起源于明代，由传统的"米"字形风筝改造而来，是云南昆明的一项非物质文化遗产。云南大学 2017 级档案学专业本科生团队制作了滇式风筝有声宣传册，让读者边阅读纸质材料，边听音频内容，了解滇式风筝的历史起源、制作方法、传承历程等。同时，项目团队提出建档保护滇式风筝的倡议，号召大众为这项小众非遗的发展增添活力。

2. 制作软件/关键技术

蜜蜂剪辑、Indesign

3. 成果形式

有声读物

**4. 现实意义**

对于非物质文化遗产，宣传和保护同样重要。滇式风筝作为云南省一项小众的非物质文化遗产，在至少六百年的发展演变过程中蕴含了传承者的智慧，而如今面临技艺传承困难、社会认知度低的困境。项目团队结合档案学学科特点，发挥学科优势，收集了滇式风筝的相关资料，设计制作有声读物，为非物质文化遗产得到更好的传承和发扬而努力。

### 作品 4：云南贡院史话

**1. 作品简介**

云南贡院位于云南大学一二一大街校区的主体建筑会泽院后，始建于明弘治十二年（1499），是明、清两代科举乡试的考场，1987 年被列为云南省省级文物保护单位。云南大学 2017 级档案学专业本科生团队较全面地收集整理了云南贡院的相关材料与云南科举考试的历史材料，分为八编，作为"云南贡院史话"网站的内容，从云南贡院一窥云南科举制度的兴起、盛行与衰落。

**2. 制作软件/关键技术**

Dreamweaver

**3. 成果形式**

网站

**4. 现实意义**

云南贡院不仅见证了云南科举制度，还见证了近现代云南省会中等农业学堂（今云南农业职业技术学院前身）、东陆大学（今云南大学前身）的创办。五百多年来，这片清幽之地走出无数学子，闻一多、钱崇、楚南图等名人也在此留下了足迹。记录宣传云南贡院既是对云南教育史的回顾，又能激励当今学子抓住风华正茂之年读书奋斗。

### 作品 5：奇葩地名在昆明

**1. 作品简介**

在老昆明人的记忆中有一首由昆明代表性地名编成的童谣，童谣朗朗上口，而所涉及的地名的由来却少有人熟知。云南大学 2017 级档案学专业本科生团队收集昆明童谣里所涉及的地名的相关档案资料，在昆明地名档案文字的基础上，插入图片制作宣传手账，以有趣、生动的形式，让民众了解昆明地名的由来、含义及历史沿革，加深城市记忆。

2. 制作软件/关键技术

电子手账

3. 成果形式

手账本

4. 现实意义

选择昆明童谣中的地名为研究对象，用记录日常生活的手账本的形式讲述昆明故事，给人轻松愉悦的生活感受，又有回溯昆明旧时记忆的时空穿梭之感。昆明建城已有 2200 余年的历史，城市街巷的变迁是时代发展的历史见证。地名手账本利用了昆明地名档案，其中不少事件发生于民间，与民生息息相关，民众对其非常熟悉，在展示昆明地名文化的同时，也更容易使地名档案价值得到民众的认可。

**作品 6：瞬间的记忆，永恒的凝固——昆明老照片的故事**

1. 作品简介

云南大学 2017 级档案学专业本科生团队制作视频记录昆明老照片的故事。法国驻清朝外交官奥古斯特·费朗索瓦（中文名方苏雅）于 20 世纪初在云南昆明任职的五年间拍摄了很多有关昆明的老照片和影像，随后照片和影像被其带回法国私人收藏。昆明人殷晓俊在 1996 年赴法时偶然见到昆明的老照片，后来他克服阻碍，耗费巨资，终于将昆明的老照片带回国内，举办展览，进行进一步编研利用，填补了云南省 1925 年前的昆明照片档案的空白。

2. 制作软件/关键技术

Dreamweaver

3. 成果形式

视频短片

4. 现实意义

方苏雅拍摄的昆明老照片和影像，在百年之后，已经成了亚洲最早、最完整记录一个国家、一个地区社会概貌的纪实性照片档案。殷晓俊先生自发抢救保护我国遗存海外的照片档案，让珍贵的档案重新示人，让模糊的历史变得鲜活。殷晓俊先生的爱国情怀值得尊敬，他的档案意识值得学习。用视频展现这段感人的故事，唤起人们的家国情怀，提醒民众肩负留存历史记忆的责任。

## 三　课程设计

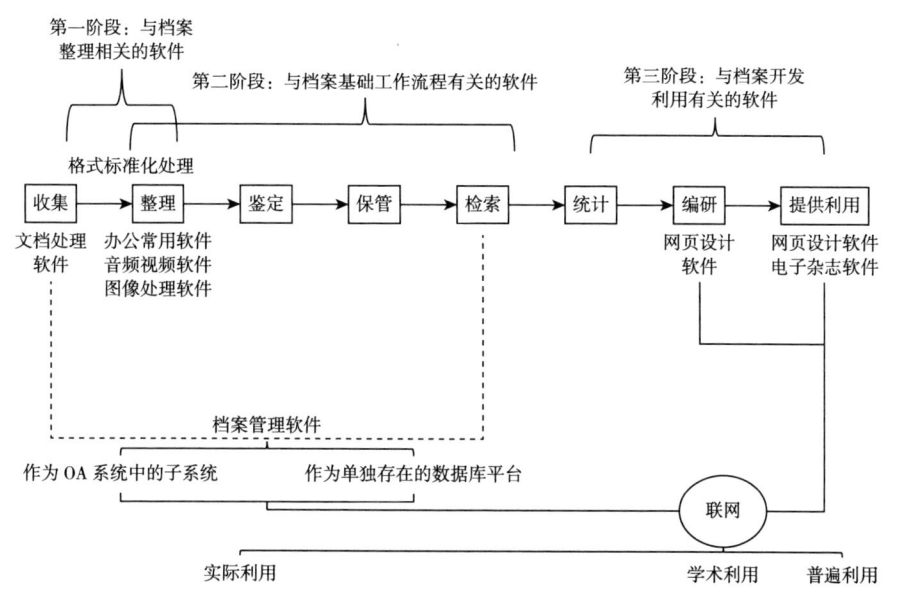

图 0-1　课程设计思维导图

### （一）实训课软件分布设计

档案按照不同划分标准，可以分为不同的类型，如按内容划分，可分为文书档案、科技档案、人事档案、财会档案、诉讼档案等；按载体划分，可分为纸质档案、缣帛档案、声像档案、甲骨档案、简牍档案、金石档案等；按时间划分，可分为新中国成立前历史档案及新中国成立后档案等。在对档案基础工作实施数字化处理过程中，难以避免需要提前对不同载体、内容、时间的档案予以有准备、专业化、标准化的处理，以确保后续的档案利用工作能够顺利展开。

根据档案管理工作八个环节的内容与任务，编者认为，始于档案收集工作，各类档案进入档案馆（室），便可寻到数字化技术参与档案工作的痕迹与机会。例如，可以借助常用的办公文档处理软件、音频视频处理软件以及图像处理软件，对即将归档入库的档案进行统一规范的数字化加工处理。此后，通过各类安全可靠的档案管理软件，对收归的多类档案信息进行集成化管理。对不同密级的档案信息资源做出开发利用权限的界定，对不宜对外公开的档案信息实施封闭休眠管理，对适宜向社会公众提供服务的档案信息进行编研。基于档案编纂理论指导，通过网页设计、制作电子杂志等途径，形成类型各异的档案成果以提供工具性与信息性服务。

### （二）软件运用分析

目前国内档案学的教育和科研培养对档案学专业的学生要求比较宽松，更偏向于档案学专业知识教学，过于单一，这使得学生其他领域的知识较为薄弱，专业技术应用得不到有效拓展。为了提升档案学专业学生的业务素养和信息技术应用能力，本书主要结合档案管理理论与实践，以档案工作的各个业务环节为脉络和主线，将计算科学技术方法、思维应用到档案管理实践中，针对档案工作各业务环节介绍具有实操性、上手性的系统软件，旨在培养档案学专业学生解决档案实际问题的能力。

在大数据战略加速推进的背景下，档案工作必然会卷入数据化浪潮，档案工作各项业务的开展也会有所变化。实训课的教学任务不仅包括档案管理软件的系统学习，还涉及辅助档案管理活动有序开展的软件学习，由此覆盖档案管理活动所有工作环节，实现对各种类型的档案资料的电子化、网络化集中管理。例如，互联网改变了文件形成、传播、整理、保管、利用的形式，因此在收集环节，就有必要对文档处理软件形成基本认知。在档案管理阶段，我们需要对非纸质档案进行特别处理（如照片档案、口述档案），借助图像处理软件、音频视频软件进行标准格式的统一与规范。在档案利用阶段，如何进行档案开发、如何动态呈现档案开发成果，都是值得思索的问题，因此实训课为大家提供了诸如网页设计、电子杂志等系统软件的学习。

本教程所列软件暂未包括档案管理软件这一体系，其原因在于：第一，国内档案管理软件众多，编者结合调研得知，各类档案工作部门大多安装使用各自选购的管理软件，这其中一部分为定制软件，一部分为商用通用性管理软件，其操作差异性较大；第二，现行流通的档案管理软件，除试用版之外，其余均为收费版本，实训课尚未能筹措经费购买这些正式的收费软件以供教学使用，故实践率较低；第三，实训课现用的档案管理软件几乎均是免费试用版，操作难度和系统完整度与正式版本软件相差较大，编者担心以此使用体验写入本教程，难免存在误导读者之嫌，故暂未将此部分内容列入正文中。

### （三）实训课内容组成

本实训课大致由两部分构成。第一部分为项目制作。即全班分组选定一个项目选题，参照全国高校档案学专业课外科技竞赛的项目制作要求，注册各组的微信公众号，借助公众号平台撰写与各组项目主题相关的推文，定期发布信息，定期汇报项目研究进展，期末完成项目制作，并邀请相关教研室教师参加现场评审与打分。第二部分为日常实践。即各组开学时选定不同软件，并按照诸如图像处理、音频处理、视频处理、管理软件使用、网页制作等的教学顺序，进行软件操作的演示，演示完后现场指导大家进行实践操作，教师布置相应软件的操作作业，确保大家掌握并能熟练使用软件，软件的操作有助于大家完成项目制作。

### （四）实训课教学进度计划

第 1 周　分配任务

第 2 周　图像处理，现场制作演示

第 3 周　各组项目进展汇报

第 4 周　任务开展中遇到的问题或困难分析

第 5 周　音频操作演示

第 6 周　音频操作演示

第 7 周　视频操作演示

第 8 周　视频操作演示

第 9 周　各组项目进展汇报

第 10 周　各组项目问题解析

第 11 周　档案管理软件演示

第 12 周　档案管理软件演示

第 13 周　网页设计演示

第 14 周　网页设计演示

第 15 周　（6 月 9 日国际档案日）展示活动

第 16 周　电子杂志演示

第 17 周　电子杂志演示

第 18 周　汇报展演

第 19 周　各组提交期末作业

# 第一章　文档处理软件实训

## 一　互动课堂

### （一）项目申报讲解中使用文档

高等教育的首要任务是培养具有创新精神和实践能力的专门性创新人才。项目申报作为大学生科研创新能力的直接体现，与大学生的成长息息相关。那么请设想一下如下场景：

当你正在焦急等待项目申报答辩时，评审专家听了一上午答辩报告，看了上百页这样的项目陈述（如图 1-1 所示）。

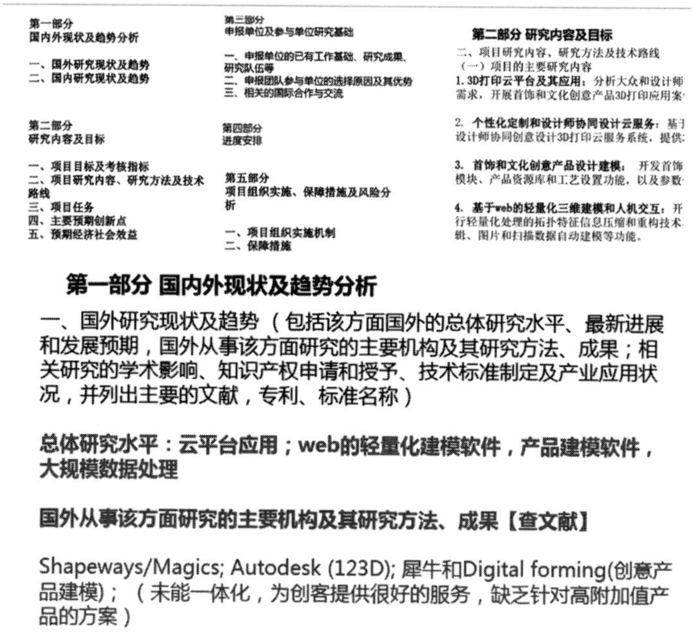

第一部分
国内外现状及趋势分析

一、国外研究现状及趋势
二、国内研究现状及趋势

第二部分
研究内容及目标

一、项目目标及考核指标
二、项目研究内容、研究方法及技术路线
三、项目任务
四、主要预期创新点
五、预期经济社会效益

第三部分
申报单位及参与单位研究基础

一、申报单位的已有工作基础、研究成果、研究队伍等
二、申报团队参与单位的选择原因及其优势
三、相关的国际合作与交流

第四部分
进度安排

第五部分
项目组织实施、保障措施及风险分析

一、项目组织实施机制
二、保障措施

**第二部分 研究内容及目标**

二、项目研究内容、研究方法及技术路线
（一）项目的主要研究内容
**1. 3D打印云平台及其应用：** 分析大众和设计师需求，开展首饰和文化创意产品3D打印应用案
**2. 个性化定制和设计师协同设计云服务：** 基于设计师协同创意设计3D打印云服务系统，提供
**3. 首饰和文化创意产品设计建模：** 开发首饰模块、产品资源库和工艺设置功能，以及参数
**4. 基于web的轻量化三维建模和人机交互：** 开行轻量化处理的拓扑特征信息压缩和重构技术、图片和扫描数据自动建模等功能。

**第一部分 国内外现状及趋势分析**

一、国外研究现状及趋势（包括该方面国外的总体研究水平、最新进展和发展预期，国外从事该方面研究的主要机构及其研究方法、成果；相关研究的学术影响、知识产权申请和授予、技术标准制定及产业应用状况，并列出主要的文献，专利、标准名称）

**总体研究水平：云平台应用；web的轻量化建模软件，产品建模软件，大规模数据处理**

**国外从事该方面研究的主要机构及其研究方法、成果【查文献】**

Shapeways/Magics; Autodesk (123D); 犀牛和Digital forming(创意产品建模)；（未能一体化，为创客提供很好的服务，缺乏针对高附加值产品的方案）

**图 1-1　项目陈述示例（一）**

你环顾左右，好几个评委已经低头翻看打印的资料了，这时你走上报告台，进行准备好的陈述（如图1-2所示）。

图1-2 项目陈述示例（二）

且不说上述两种项目成果哪一种更好，就呈现形式而言，直观感受一下，你认为哪一种更能让评委眼前一亮，给人以如释重负、心情舒畅的视觉与心理体验？

**（二）简历制作使用文档**

所有和求职有关的行为与活动，都需要围绕简历展开。从求职者角度而言，找工作第一步就是写简历；从人力资源专员角度而言，招聘的重点就是筛选简历。

有人反馈简历投递出去没有回应，有人反馈现在的简历格式体现不出自己的优势，有人反馈简历是不是需要"创作"一下才能脱颖而出。

试想一下，为何求职时需要简历？简历对未来的职业生涯如此重要吗？不妨回顾一下古代的"名帖"，便可知其究竟。

旧时高门大户有赫赫有名之人或旧相识来访时，大门值班的管家根本不用名帖就能对内通报。但若是逢名不见经传的来访者，作为门户的看守和通传人员，一边怕得罪眼前这虽其貌不扬但可能来头不小的来访者，一边又怕耽误自家主子的正事。名帖就由此诞生了。

　　因此，我们不难理解，现代企业正如这高门大户的主人，人力资源专员便是门口通风报信的管家，求职者就是名不见经传的来访者，而简历则是一层层递进去的名帖。那么作为毕业生，你又该如何凭借简历这块敲门砖光明正大地走进这高门大户的主人家呢？下面就为你提供三种简历成果（见图1-3、图1-4、图1-5），你认为以下哪一份简历会让人力资源专员眼前一亮，并成为众多简历投递者中的佼佼者呢？同时也请思考一下，简历是否有一、二、三流之分？

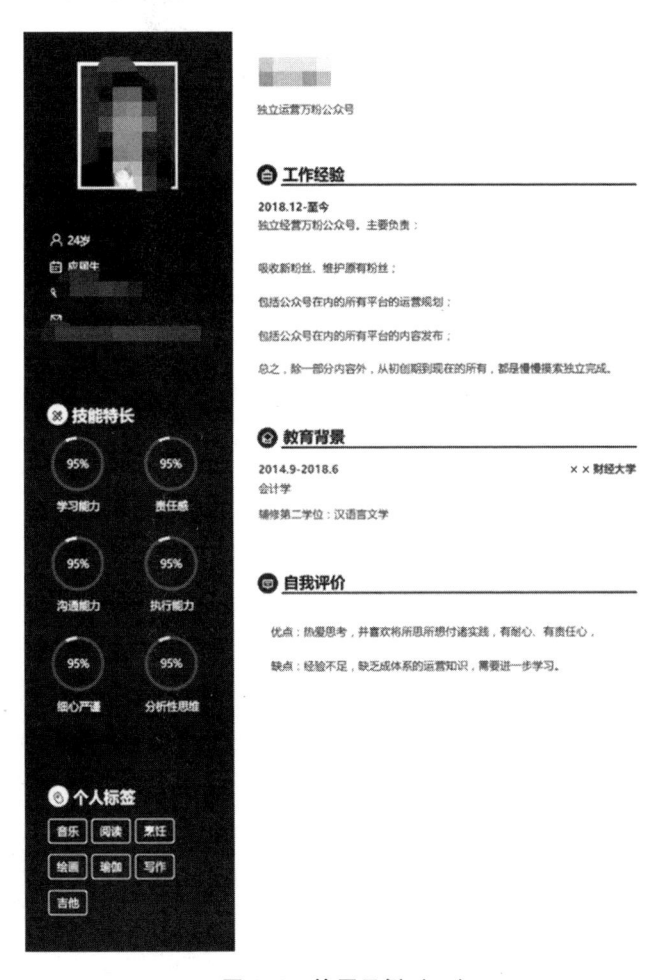

图1-3　简历示例（一）

## 求职意向

营销类管理培训生

## 教育背景

2012.09-2016.06　××科技大学　　工商管理（本科）

大学成绩优异，GPA 3.8/4.0，获得三次优秀学生奖学金，一次"三好学生"，一次"优秀学生干部"荣誉；担任校学生会副主席2年，策划校级活动XX场。

## 工作经验

2015.07-2015.08　中国电信股份有限公司　　互联网金融专员

- 在整个市区及乡镇推广翼支付及后台维护；
- 微信台公众平台的申请与运营；
- 在剩余的四县三区做详细培训，此期间翼支付的交易量从全省最后一名做到前10。

2013.04-2013.06　中国移动　　市场专员

- 在城区推广移动光纤宽带，曾在1000多户的小区里成功签约200多户住户；
- 负责组织大家分工到不同的地方合作完成任务；
- 现场活动丢失一部手机并凭个人成功找回。

## 荣誉奖项

2013-2014学年度　"优秀共青团干部"

2013-2014学年度　"优秀素质拓展干部"称号

2014-2015学年度　"志愿服务工作积极分子"称号

2015.9 第13届挑战杯广东大学生课外学术科技作品竞赛省级三等奖

## 自我评价

有较强的学习能力和实践动手能力，在校任班干部，认真负责，适应能力强，对待工作有十二分的热情；思维敏捷，有上进心，拥有扎实的专业基础；喜欢挑战，处事严谨，对数据有强烈的敏感性，会把工作当成乐趣。

图1-4　简历示例（二）

李×× Sharon

7303 | me××××××ndercv.com

## 教育经历

**××大学**　　　　　　　　　　　　　　　　　　　　　　　2017年9月 - 2019年6月
管理学 硕士
- GPA：3.68 ｜ 相关课程：战略管理，营销管理，金融结构，财务会计

**新加坡××大学-全球管理硕士联盟（交换）**　　　　　　　2018年1月 - 2018年5月

**××大学**　　　　　　　　　　　　　　　　　　　　　　　2014年9月 - 2017年6月
金融学专业 本科

## 工作经历

**麦肯锡咨询公司**　　　　　　　　　　　　　　　　　　　　2018年6月 - 2018年8月
暑期实习生
- 通过客观财务分析，从中国4000余家上市企业及近300家非上市企业筛选10家能够保持健康稳定发展且增长快速的企业
- 根据建立的企业分析模型，对10家企业进行初步的发展模式分析，总结出他们发展的成功关键点
- 通过桌面研究、外部采访和内部采访的方式，对筛选出的某金融控股集团进行深入分析，总结其战略设计、运营模式、组织架构设计和人力资源等方面的成功之道，并指出其他公司可借鉴的方式

**中国文化产业投资基金**　　　　　　　　　　　　　　　　　2018年5月 - 2018年6月
实习生 投资研究部
- 协助完成三家公司的尽职调查，包括两家移动端游戏公司以及一家互联网汽车交易公司，撰写尽调报告

**中信证券股份有限公司**　　　　　　　　　　　　　　　　　2017年1月 - 2017年4月
实习生
- 负责45个结构性债务融资项目（融资方主要为房地产开发商和城投公司）信息的收集、整理的初步分析，包括撰写资料清单，联系企业并收集所需资料，进行公司资质及财务分析和项目的可行性及回款情况分析，并进行内部评级
- 研究P2P、定向增发、新三板和REITs发展现状和对债务业务的影响；研究股权回购等业务，提出针对PPP的债务新结构，及联行合作的三种方式，并设计交易结构
- 完成5个项目的债务结构设计，并撰写尽职调查和推介材料等文件，主要包括地方财政、公司财务情况和项目情况的分析
- 负责8个项目的跟踪调查和分析，并撰写风险排查报告

## 工作以外经历

**××大学经济管理学院**　　　　　　　　　　　　　　　　　　2017年12月 - 至今
- 筹划举办全球管理硕士联盟亚洲区会议，负责论坛前期准备工作，邀请嘉宾、物资准备、流程设计和宣传等工作，协助完成论坛现场工作分工和细节控制
- 负责与全球管理硕士联盟和合作企业的沟通，促进联盟在中国的影响力
- 定期组织举办交换生与中国学生间的交流活动，包括入学导向、生日聚会和外出旅行等，负责组织协调并策划活动内容，安排人员保证活动的顺利进行

## 其他

- **技能**：Spss，Stata，Office，数据分析，视频剪辑
- **证书/执照**：证券从业资格证
- **语言**：英语（流利，雅思7.5）
- **活动**：首都高校大学生创业计划竞赛金奖，三届××大学社会工作奖

图 1-5　简历示例（三）

## （三）竞赛作品展示使用文档

在四年学习生涯里，大学生对参加商业或学术类竞赛想必也习以为常。尤其是当竞赛者跨越重重关卡，即将迎接胜利的曙光时，相信图1-6这类的图片于他们而言并不陌生。

## 五、公开答辩

1. 11月11日全天公开答辩。

2. 公开答辩包括陈述环节和问答环节，陈述环节不超过5分钟，在4分钟时有提示；问答环节不超过10分钟，在9分钟时有提示。严禁超时。

3. 参加公开答辩的参赛队员数不超过3人，必须从会务系统报备的3名参赛队员中选择，且原则上必须包含作品申报人。

4. 答辩现场设在普通教室内，提供固定笔记本电脑用于PPT展示（版本采用Microsoft office 2013，最佳播放比例为4:3），预装暴风影音播放软件。参加答辩的参赛队员需在11月10日进行抽签，确定答辩次序后将PPT拷贝至答辩教室笔记本电脑中并调试。

图1-6　竞赛作品展示文档

竞赛答辩是一门艺术，那么大学生该如何利用PPT这些辅助工具来表达竞赛作品的核心构思和创新思维呢？除了PPT以外，还有哪些辅助工具可以为答辩增添光彩呢？

## 二　实景课堂练习

在参加项目申报答辩等重要活动时，大篇幅的文字陈述枯燥、晦涩，它难以简练、生动、直观地表达出陈述者的观点，因而在这一场景下，我们通常需要借助PPT、Prezi、Focusky、Axeslide等演示工具（见图1-7）来为我们的演讲与陈述增光添彩。

下面主要分两个板块来实景演练这四款软件，一是添加动画效果；二是插入背景音乐。

```
                              ┌─ 动画效果 ──┬─ 为每张幻灯片选择切换路径
                              │           └─ 为文字、图片、表格等信息内容添加动画
                    ┌─ PPT ───┤
                    │         ├─ 插入背景音乐 ┬─ 导入本地音频
                    │         │             └─ 对音频进行播放设置
                    │         └─ 提供免费幻灯片模板的网站
                    │
                    ├─ Prezi ──┬─ 动画模板
                    │          └─ 插入背景音乐和路径音乐
文档处理软件操作演示 ─┤
                    │            ┌─ 动画效果 ──┬─ 为路径内容添加动画效果
                    ├─ Focusky ──┤           └─ 自定义动画效果
                    │            └─ 插入背景音乐 ┬─ 导入本地音频
                    │                          └─ 对音频进行播放设置
                    │
                    └─ Axeslide ─┬─ 淡入闪现效果
                                 └─ 插入背景音乐
```

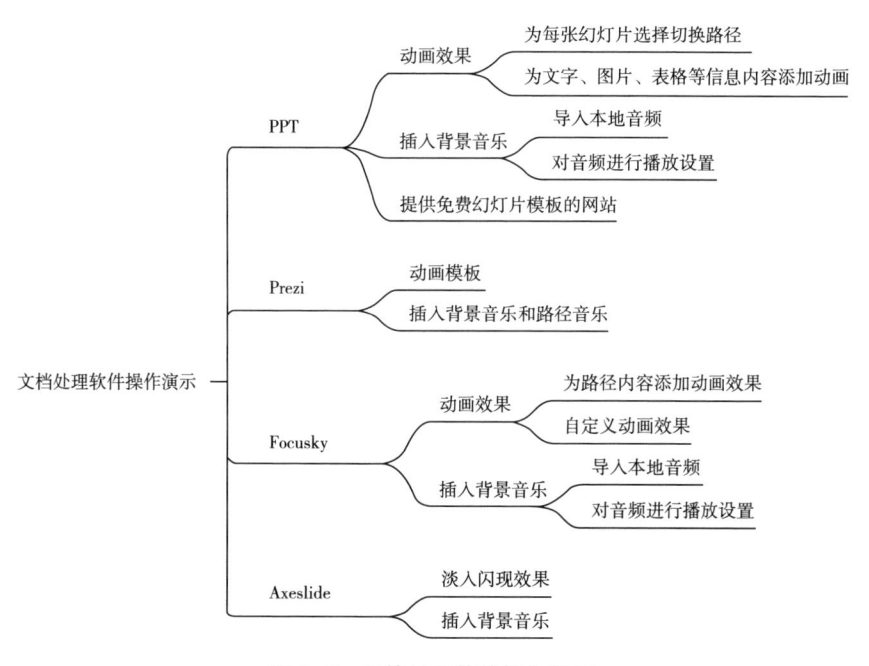

**图 1-7　文档处理软件操作演示**

### （一）PPT 操作演示

1. 动画效果

PPT 动画一般分为切换效果和动画效果两大类。下面依次为整张幻灯片或幻灯片里的信息内容（如文字、图表）添加动画效果。

（1）为每张幻灯片选择切换路径（切换效果）

在"切换"选项卡里，可以为每张幻灯片选择不同的切换路径，且可以为幻灯片设置固定的切换时间和切换效果。

（2）为文字、图片、表格等信息内容添加动画（动画效果）

在动画选项卡里，有四种动画类型可供选择，如进入动画、退出动画、强调动画、动作路径。通过"动画"→"添加动画"命令为幻灯片中的各个对象设置动画效果。在此基础上，还可以为动画效果添加播放时序、持

续时间等，并对动画呈现的先后进行排序调整。

图 1-8　PPT"切换"菜单

图 1-9　PPT"动画"添加菜单

## 2. 插入背景音乐

用户可以通过"插入"→"音频"命令为幻灯片导入本地音频（见图 1-10）或现场录制音频（以小喇叭的形式呈现），且可以对音频进行播放设置（见图 1-11），如自动播放、跨幻灯片播放、循环播放等。还可以给小喇叭添加动画效果。

（1）导入本地音频

图 1-10　PPT 音频"插入"路径选择

（2）对音频进行播放设置

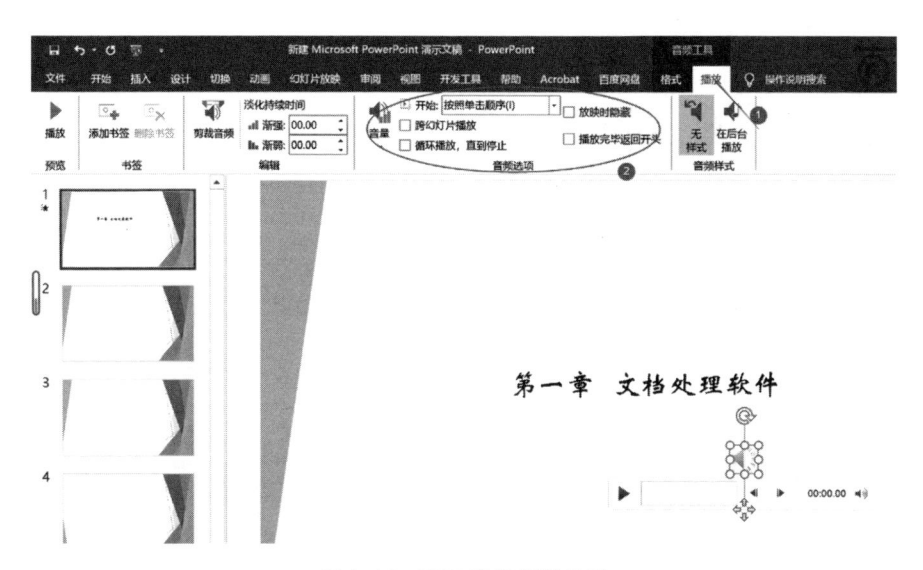

图 1-11　PPT 音频播放设置

3. 提供免费幻灯片模板的网站

Canva、Chuangkit、Office PLUS、Woodo、第 1PPT、优品 PPT、51PPT 模板、PPT 宝藏。

## （二）Prezi 操作演示

1. 动画模板

点击"File"（文件），选择"New"来新建本地 Prezi；或直接选择"New prezi"就会弹出很多 template（模板），见图 1-12。

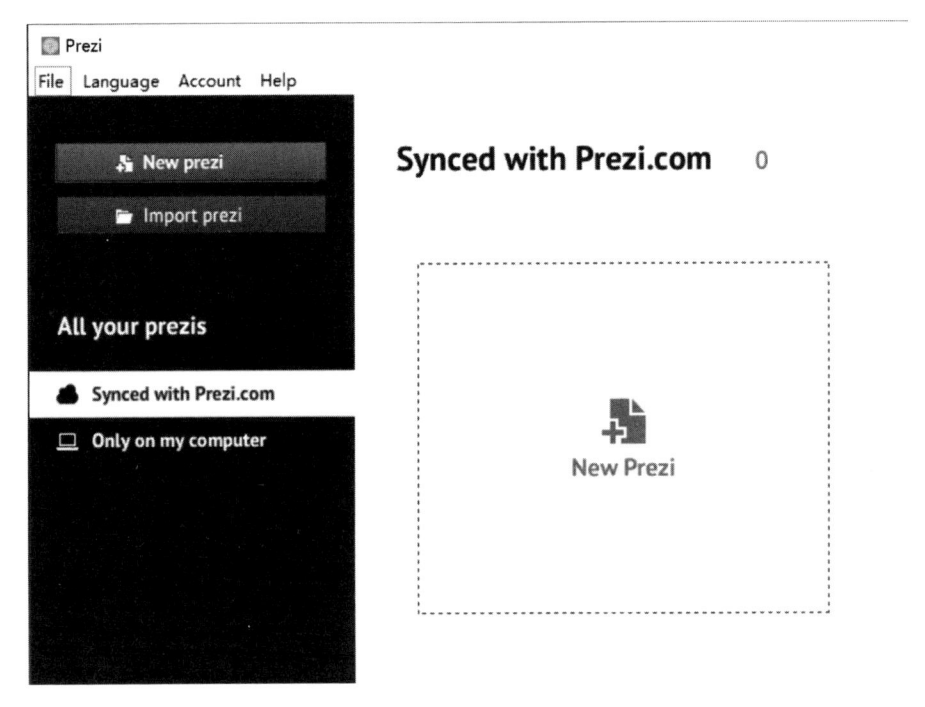

图 1-12　Prezi 动画模板创建

任选一个模板，点击右下方的"Use template"（应用模板）即可。

2. 插入背景音乐和路径音乐

在画布顶端的插入（Insert）菜单，选择添加背景音乐（Add Background Music），进入本地磁盘，浏览背景音乐位置，选择后点击打开即可，详见图 1-13、图 1-14。

Prezi 还可以为画布添加路径音乐（为单个幻灯片添加声音）。首先选中某个路径，点击顶部的插入菜单（Insert）→Add Voice-over to Path #6（数字即为选中的路径序号），或直接在路径缩略图上右击，选择给路径添加声音，见图 1-15。

第一章　文档处理软件实训 | 035

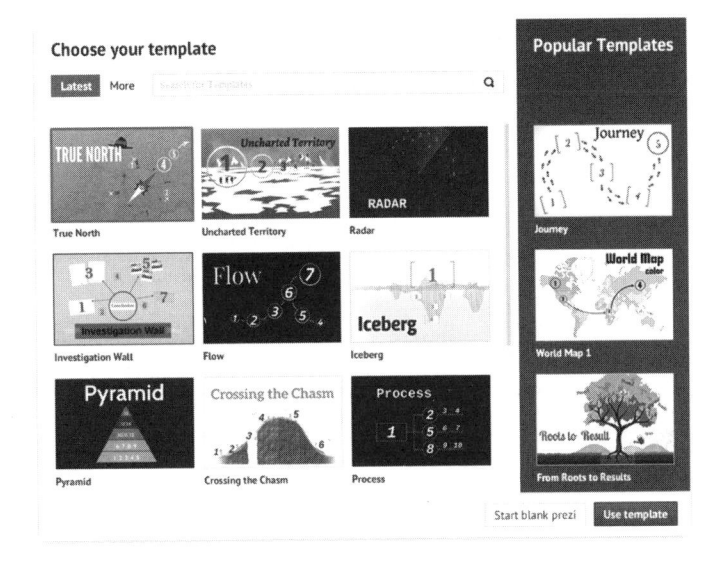

图 1-13　Prezi 应用模板

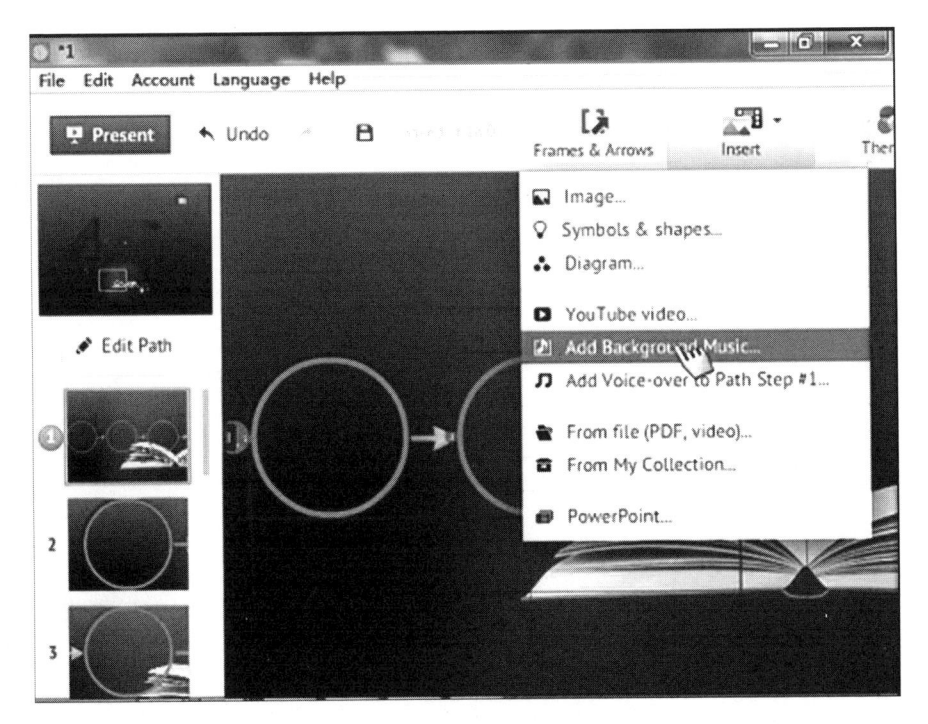

图 1-14　Prezi 背景音乐插入

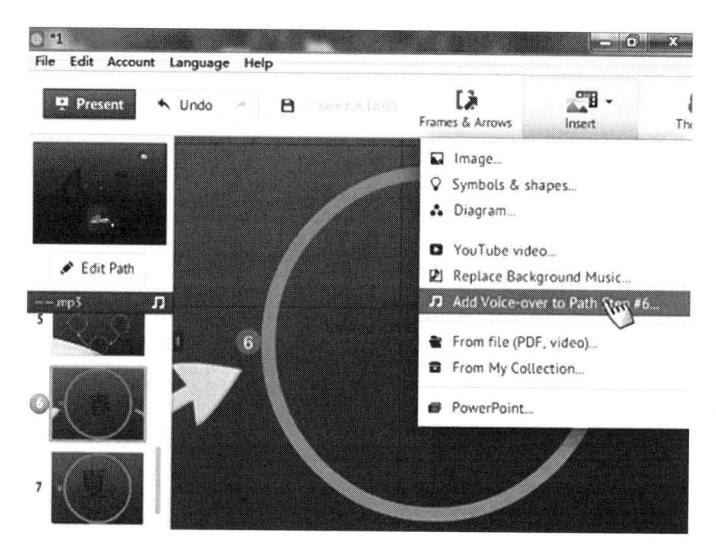

图 1-15　Prezi 音乐路径选择

### (三) Focusky 操作演示

**1. 动画效果**

点击"动画"按钮或路径列表正下方的"为路径内容添加动画效果"图标，进入动画编辑界面，见图 1-16。

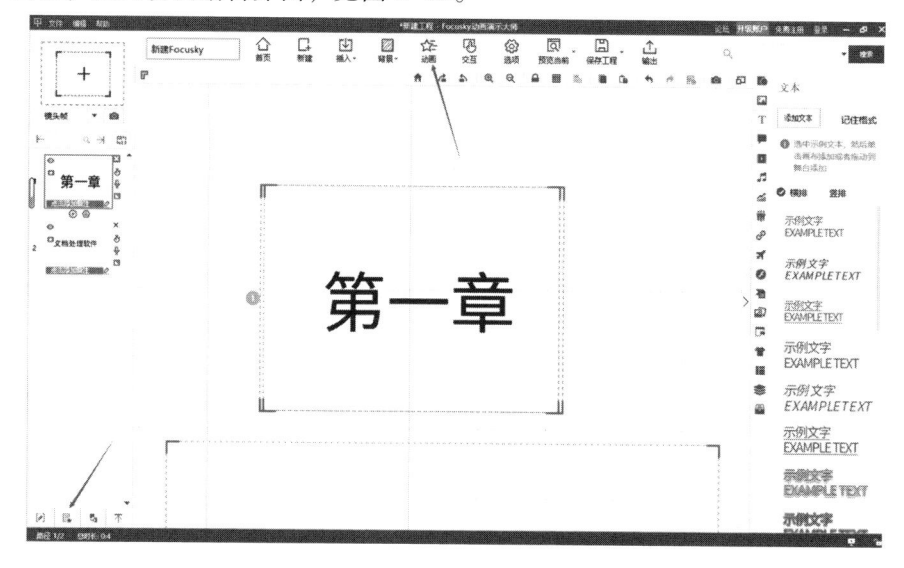

图 1-16　Focusky 动画编辑界面

选择一个路径（如图 1-17 选择路径 2），然后再选择具体内容，点击右侧"添加动画"按钮，进入动画效果窗口，为其添加"进入特效""强调特效""退出特效""动作路径"等效果。

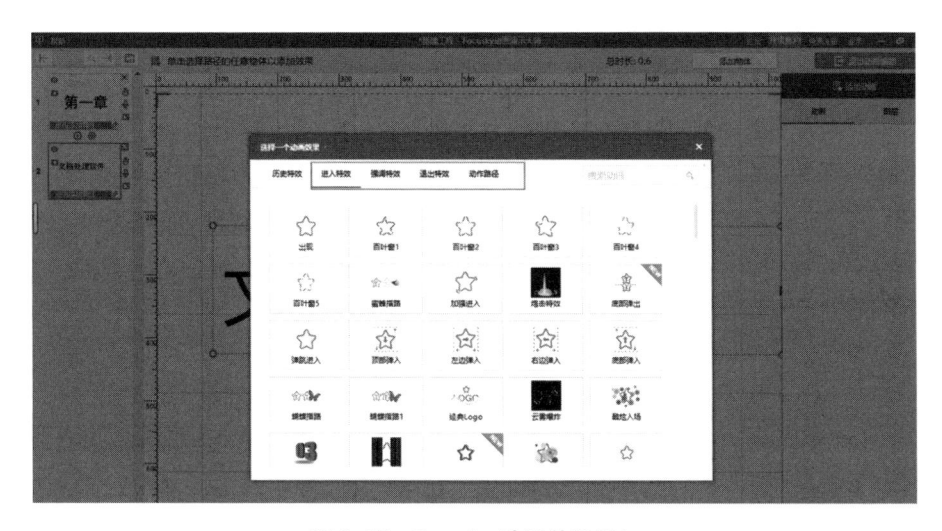

图 1-17 Focusky 动画效果添加

为内容添加动画效果后，可在右侧自定义动画效果（动画的播放动作、预览、修改动画效果、设置动画时长和延迟时间等）；添加完动画效果后，点击"退出动画编辑"按钮即可保存动画效果，见图 1-18。

图 1-18 Focusky 动画保存

### 2. 插入背景音乐

用户可以在画布上方点击"选项"按钮，在弹出的窗口中选择"展示设置"，单击"添加音乐"选项，即可将电脑里的音频文件导入画布，见图1-19。除此之外，还可以对音频进行循环播放、背景音乐音量、自定义各路径音乐播放动作等选项设置。

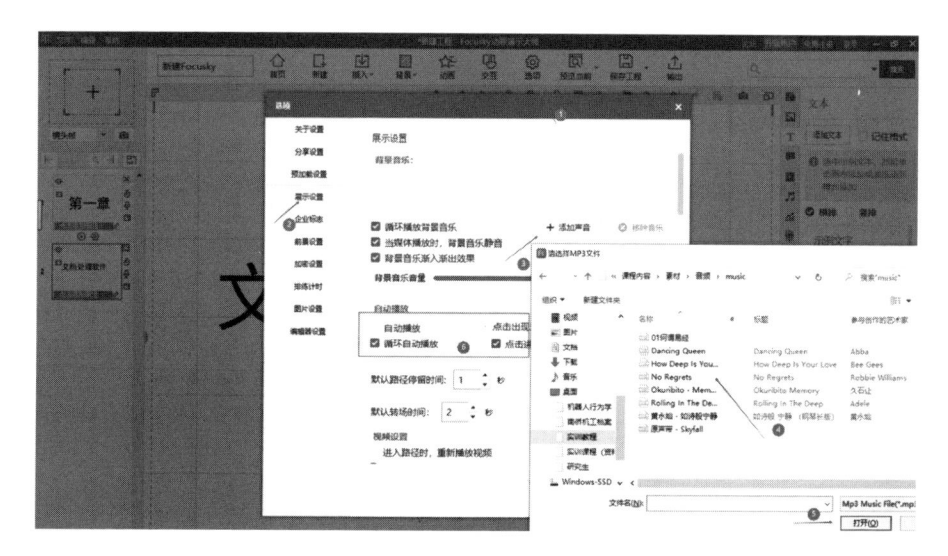

图 1-19　Focusky 音频设置

### （四）Axeslide 操作演示

#### 1. 淡入闪现效果

在画布上添加淡入闪现效果，首先新建文档并画出图形框，将内容放在里面，选择图形框点击上方的"添加步序"按钮，即可将图形框添加为步序；接着点击"闪现"按钮，用鼠标点选闪现的内容（出现带编号的小星星即视为点选成功），见图1-20、图1-21。

#### 2. 插入背景音乐

在 Axeslide 界面，点击"音频"选项卡，弹出音频编辑框，点击添加即可导入音频文件，可以添加整个作品的背景音乐或单个步序的音乐[①]，见图1-22、图1-23。

---

① 背景音乐指整个作品的背景音乐，步序音乐指单个步序的音乐。

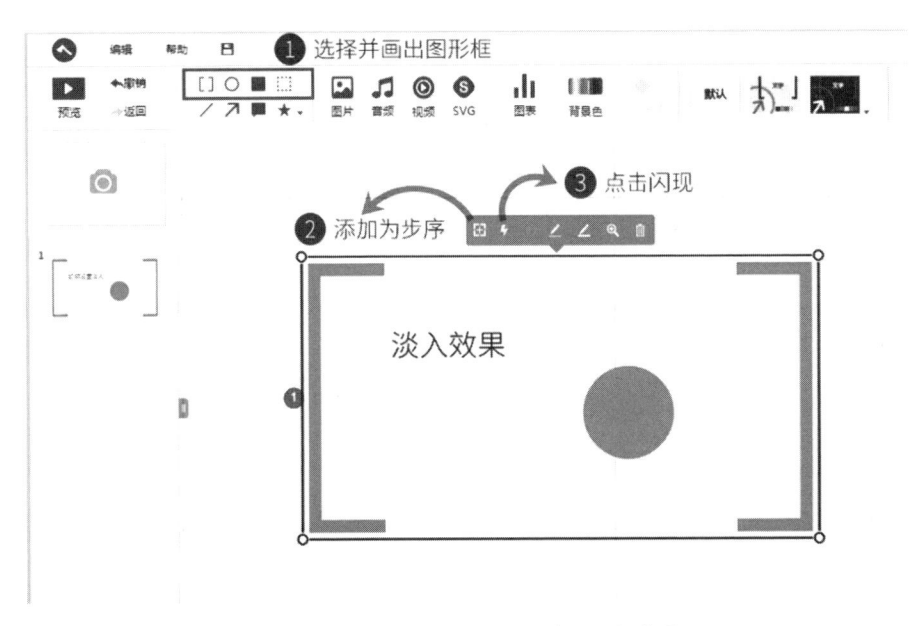

图 1-20　Axeslide 淡入闪现效果添加步骤

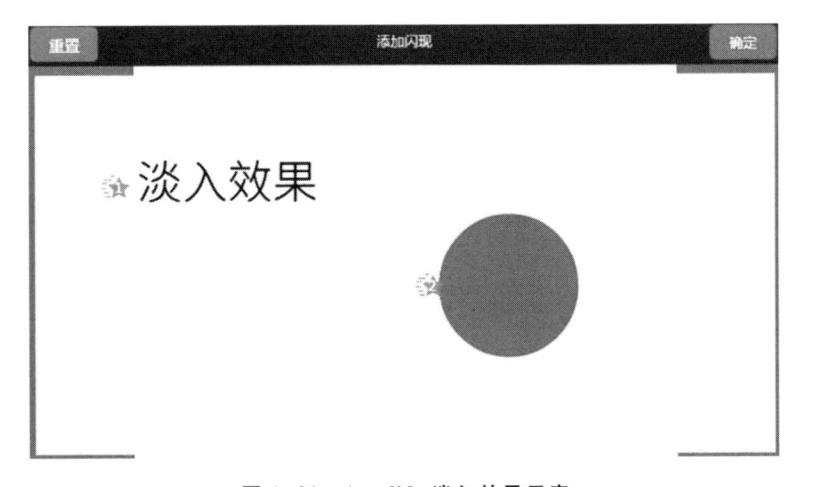

图 1-21　Axeslide 淡入效果示意

图 1-22　Axeslide 插入背景音乐菜单

图 1-23　Axeslide 音频选择路径

### 三　关联知识

#### （一）概念

PPT，全称为"PowerPoint"，是由微软公司推出的一款图形演示文稿软件。中文名称叫"幻灯片"或"演示文稿"，是集文字、表格、图片、动画、音视频于一体的动态文件。用户可以在投影仪或者计算机上进行演示，也可以将演示文稿打印出来，制作成胶片，应用于商务、教育、宣传等领域。目前提供 PPT 制作的软件有微软公司的 Office 软件、金山公司的 WPS 软件、苹果公司的 iWork 软件、谷歌公司的 Google Docs 在线办公软件以及 OpenOffice 的办公套件。PPT 可以保存为 ppt、pptx、pdf、图片格式等。[1]

---

[1] Microsoft Office PowerPoint，百度百科，https：//baike.baidu.com/item/Microsoft%20Office%20PowerPoint/888571？fr=aladdin。

Prezi，是一种类似于 PowerPoint 幻灯片制作与演示的国外在线应用。它允许用户在不使用传统 PowerPoint 幻灯片的情况下，创建更精彩的"富视觉"内容演示文档。通过 Prezi，用户可以在一个自由缩放的平面上，创建文本、图片、视频等，并能够自由摆放其位置、调整大小和方向。除了可以添加线条、框架、文字等内容外，还可以自由设定播放时的展示顺序。Prezi 支持图片、视频、PDF 等各种媒体素材，可以多人在线编辑，生成的演示文稿既可以在本地观看，也可以上传到服务器或嵌入网页在线查看。[①]

Focusky，简称 FS，是由广州万彩信息技术有限公司自主研发的一款免费的动画视频制作、演示文稿制作软件。Focusky 英文版软件最初在欧美国家发布，中文版 2.4.1 于 2015 年 5 月才正式在国内发布，并且支持中文、英文、日文等多种语言。较之于 Prezi 等软件，其良好的中文支持性使其在发布之初就受到很多国内用户的追捧。Focusky 有免费版和企业版，企业版功能比免费版更加齐全。Focusky 支持多种输出格式，如视频、EXE、Flash 网页版（.html）、HTML 网页、MAC App、压缩文件（.zip）、PDF 等。[②]

Axeslide（斧子演示）是由北京华熙动博网络科技有限公司出品的一款操作简单、创意无限的免费演示文稿制作软件。[③] 基于 Html5 开发，完全颠覆 PPT 式的线性演示思维，展示具有空间逻辑感和非线性关系的内容，辅助受众创建全局思维导图。[④] 斧子演示操作简单，可以随意添加文字、视频、图片，拥有海量精美模板。

## （二）优劣比较

PPT、Prezi、Focusky、Axeslide 优劣比较见表 1-1。

---

① Prezi，百度百科，https：//baike.baidu.com/item/prezi。
② Focusky，动画演示大师官方网站，http：//www.focusky.com.cn/。
③ 辛冠雅：《基于斧子演示的高中生物学微课设计探索》，硕士学位论文，山东师范大学，2018。
④ 余贞、吴昱麟：《AxeSlide 在气象信息多媒体服务中的应用研究》，《电脑知识与技术》2018 年第 13 期，第 285~286、288 页。

表 1-1　PPT、Prezi、Focusky、Axeslide 优劣比较

| 对比内容 | | PPT | Prezi | Focusky | Axeslide |
|---|---|---|---|---|---|
| 内容呈现方式 | | 线性思维，局限 | 开放性思维，可缩放 | | |
| 布局方式 | | 幻灯片堆叠式 | 画布式 | | |
| 内容变化方式 | | 进入、强调、退出动画 | 放大缩小、切换角度 | 放大缩小、切换角度、进入、强调、退出动画 | 放大缩小、切换角度 |
| 媒体兼容性 | 导入 | 支持图片、动画、图表、音视频等多种媒体格式（需使用控件） | 支持图片、音视频、PDF、PPT 等多种媒体格式 | 支持图片、音视频、PPT 等多种媒体格式 | 支持常见视频、音频格式；支持 JPG、JPEG、PNG、GIF 等常见图片格式；支持 SVG 矢量图；支持图表格式 |
| | 导出 | 图片、视频、Web、PDF 等 29 种格式导出 | PEZ/PDF/MP4/EXE/Potable Prezi | HTML/.EXE/.ZIP/MAC App/视频/PDF/H5 | PDF/MP4 视频格式/FLV |
| 素材编辑 | | 灵活、丰富 | 简单，对简体中文的支持不好（需要使用 css 编辑器才可转为中文操作界面） | 支持多种中外文字体 | 内置中文语言操作界面 |
| 运行环境 | | 计算机需安装 PowerPoint 软件；高版本能向下兼容低版本，低版本却不能逆回兼容 | 无要求 | 无要求 | 无要求 |
| 是否收费 | | 收费 | 收费 | 免费 | 免费 |
| 使用体验 | | 传统的 PPT 就像一本杂志，内容多、有结构、有组织。但线性的演示模式无法体现"整体与细节"的动态设计思维 | Prezi 就像一张宣传画，秉承极简理念，有整体、有细节，但又不像杂志那样编排严肃，内容量大。但基本不支持中文，收费，导致中国用户需求难以满足 | Focusky 较好地吸纳了 PPT 和 Prezi 的优点，是 PPT 和 Prezi 完美的"结合体" | 是"支持中文字体但是不能用 PDF 文件的 Prezi"，且解决了 Prezi 不支持 SVG 和 GIF 的问题，更注重国内用户体验 |

## （三）下载路径

Microsoft PowerPoint：https：//www.microsoft.com/zh-cn/microsoft-365/powerpoint.

Prezi：http：//prezi.com/pricing/.

Focusky：http：//www.focusky.com.cn/.

AxeSlide：https：//www.onlinedown.net/soft/577586.htm.

## （四）参考资料

| | |
| --- | --- |
| 参考书籍 | ①一线文化编著《2 天学会 PPT 幻灯片设计与制作》（2016 版），中国铁道出版社，2016。<br>②孙绍涵：《PPT 设计思维蜕变 教你做职场加分的幻灯片》，中国铁道出版社，2020。<br>③汪斌、王先斌、杨桃编著《Prezi 演示进阶之路》，电子工业出版社，2016。<br>④计育韬、谢礼浩、朱睿楷：《从入门到精通 Prezi 完全解读》，电子工业出版社，2015。 |
| 参考教程 | 课外视频链接<br>［PPT］https：//b23.tv/8t0c0M.<br>［Prezi］https：//b23.tv/D1K35B.<br>［Focusky］http：//www.focusky.com.cn/video-tutorials.<br>课内操作演示<br> |
| 课外阅读案例 | 湖北大学的《不平等的馈赠——清末民初武汉传教衍生活动档案影像展》电子书已在云展网上线。<br>来源：https：//book.yunzhan365.com/ajrl/quyh/mobile/index.html#p=20。<br>郑州大学《我为档案库房代言——古代档案库房知识宣传视频》，以教材《中国档案事业史》基础知识为蓝本，描绘了古代库房的样貌，并嵌入现代歌曲和帝王表情包，使得档案库房知识更为生动活泼。<br>来源：https：//m.sohu.com/a/270439421_734807。 |

续表

| 课外阅读案例 | 苏州大学暑期社会实践项目、九三学社苏州市委员会 2017 年参政议政调研课题的研究成果之一《桥之情，心之岸——苏州古桥档案可视化平台建设构想模型作品》。<br>来源：https://m.sohu.com/a/256183797_734807。<br><br>英国国家档案馆（Public Record Office，PRO）是唯一的国家级综合性档案馆。它在 2003 年 4 月 2 日与皇家历史手稿委员会合并，组建英国国家档案馆，不仅保管政府部门的公共文件并提供利用，而且可全面提供与英国历史有关的私人档案信息。英国国家档案馆往往将其特色档案以全文的方式在网站上公开展示，而且展览的主题很多，内容非常丰富，如英国的 Exhibitions 有 40 多个主题，时间跨度上从 1066 年到 20 世纪，内容包括王朝历史、人权、奴隶制、战争、犯罪档案、统计档案、电影等多个方面，对用户有极大的吸引力。<br>来源：http://www.nationalarchives.gov.uk/ |
|---|---|

## （五）课后练习题

1. 选取任一文档处理软件，为未来的自己设计一份受人青睐的简历。

2. 将文档处理软件应用在大学生的创新创业项目管理中，有哪些显著优势？

3. 从档案管理工作的"八大环节"来看，您认为哪一环节会涉及文档处理软件的运用？

4. 您认为文档处理软件对档案管理工作而言意义何在？可以怎样通过多场景运用和变现来发挥这些软件的功能呢？

## 四　案例鉴赏

# 第二章　图像处理软件实训

## 一　互动课堂

### （一）重要事件建档

在 2020 年鼠年到来之际，我们经历了这样一个特别的冬天：昔日的车流不息，如今连车影子都没有；行色匆匆的人们面戴口罩，没有寒暄与客套，只有眼神的交流……每天增长的确诊数字，不断扩大的疫情地图，时刻牵动着 14 亿人民的心。

相信图 2-1 里的场景您并不陌生，当疫情开始肆虐，人人担当负责，"请战"和"坚守"的故事不断上演，所有的负重前行，只为守护更多人的

图 2-1　关于疫情的图片

岁月静好。作为历史的记录者，全国广大档案工作人员也不曾掉队，迅速行动，记录战"疫"，充分彰显了"兰台人"的风采。

与此同时，为进一步挖掘抗击疫情中各条战线涌现出的感人故事和先进事迹，档案部门也积极向社会各界广泛征集防控新冠病毒感染的档案资料，如山东省档案馆发布的《关于向社会各界征集抗击新冠肺炎疫情防控工作档案资料的公告》；天津市档案局及时印发的《关于做好我市新冠肺炎疫情防控工作文件材料收集归档工作的通知》；湖北省档案馆出台了《湖北省档案馆关于做好新型冠状病毒感染肺炎疫情防控档案收集归档工作的指导意见》等相关文件。

这些文件释放出强烈的信号：档案部门要做好疫情防控重大活动文件材料的收集工作，及时对在疫情防控中所形成的文字记录、照片、录音、录像等资料进行归档处理。那么面向社会各界进行征集时，请站在档案工作者的立场，思考以下几个问题。

1. 当您面向社会各界广泛征集疫情防控资料时，针对不同载体的资料是否有不同的归档要求？

2. 面对来源广泛、规格不一的影像资料，您会借助哪些常用工具对其进行标准化处理呢？

与此同时，也请思考一下：档案部门除了能够在应对突发公共卫生事件中发挥重要作用以外，还可以通过对哪些重要事件建档来为我国做出贡献呢？请举例说明。

### （二）个人存档

作为一名档案学专业的学生，经过多年的专业学习，相信你已逐渐掌握扎实而深厚的基础和专业知识。你是否将档案学专业素养融入自己的学习、生活与工作中呢？那么，请认真思考并回答下面的问题。

1. 你是否还保存有大一入学时的生活照及证件照？你有将证件照归类的习惯吗？你通常会借助哪些工具进行参数的修改呢？

2. 针对过往的老照片你是否会进行分类？会使用哪些工具让保存已久的老照片修复后回归原样？

3. 你是否会通过社交媒体实时分享自己的生活动态？留存时间有多长呢？

4. 你在网络购物时，会申请电子发票吗？是否会将电子发票保存起来作为电子凭证？

思考了上述问题，相信你会有这样一种感受：在学习、生活与工作中，我们生成了大量的个人信息，包括文本信息、照片、视频、音频等。那么我们是否有必要对其进行分类管理、有效保存呢？尤其是当遇到因保存不当而导致照片发霉、发黄以及色彩失真等情况时，我们可以采取什么手段对其进行恢复呢？

### （三）制作更改图片文字或图像信息使用图像处理

在网上我们会看到很多漂亮的图片，有时候就想保存下来，但是很多图片上面有水印，这时候你会果断放弃这张图片，还是借助图片处理工具来进行文字抹除呢？

设想一下，当你想要更改微信头像，抑或发朋友圈时，刚好找到一张心仪的图片，如图 2-2 所示。但是这张图片并非十分完美，因为你需要对图片上的"思想上的女流氓"进行更改，还需要去除右下角的"××"标识，那么你可以借助哪些工具来更改图片上的文字而不留下任何痕迹，同时保留原有的背景呢？怎样才能实现图 2-3 的效果呢？

图 2-2　微信头像一　　　　　图 2-3　微信头像二

## 二　实景课堂练习

除了以上三种专业场景外，在生活、学习和工作中，越来越多的用户喜欢使用数码产品来拍摄和记录日常生活，他们对照片的审美要求也越来越高，此时可以应用图像处理软件轻松地处理照片。本章利用美图秀秀、

PS、光影魔术手等工具进行实景演练，主要从制作证件照、修图、更改图片上的文字信息三个部分来演示操作，见图2-4。

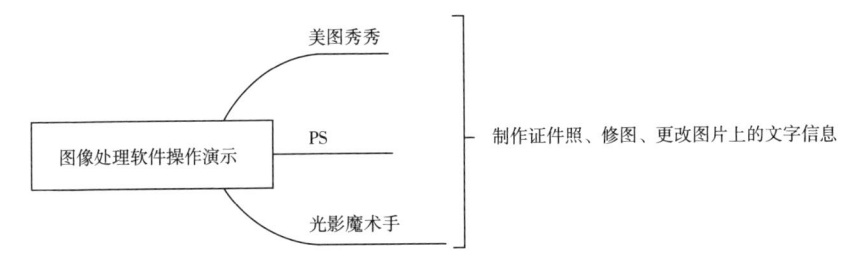

图 2-4　图像处理软件操作演示

## （一）美图秀秀操作演示

1. 制作证件照

步骤：第一步，先制作一寸证件照（打开图片—裁剪—证件照—标准1寸/1R—应用当前效果），见图2-5、图2-6；接下来，更换证件照背景颜色（点击工具栏内"抠图"—手动抠图—运用抠图笔或删除笔进行人像抠图—应用效果—背景设置—蓝色/红色—确定/保存），见图2-7至图2-11。

图 2-5　美图秀秀证件制作步骤（一）

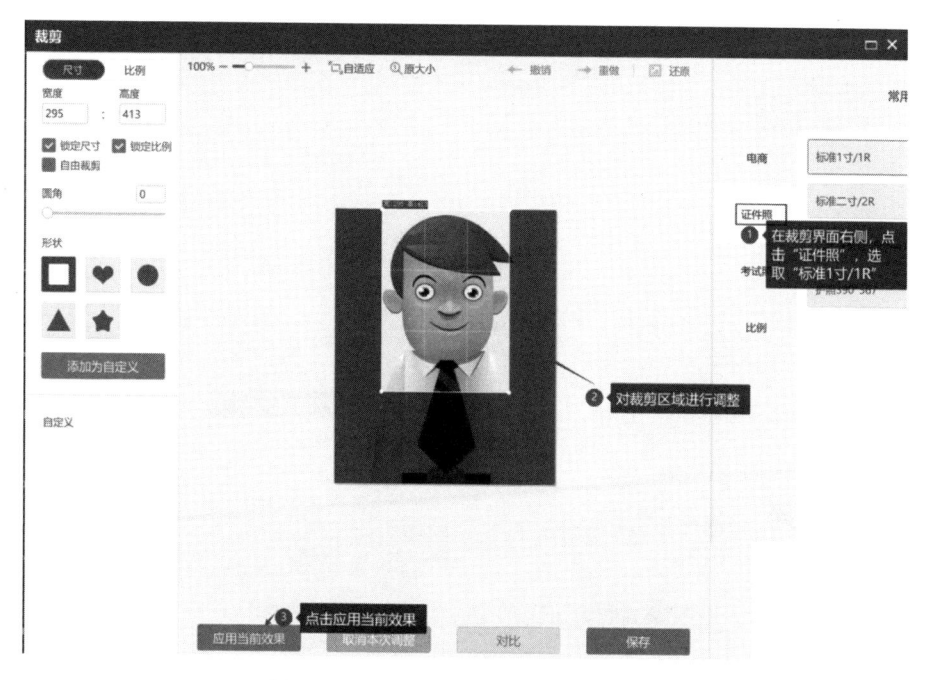

图 2-6　美图秀秀证件制作步骤（二）

图 2-7　美图秀秀证件制作步骤（三）

图 2-8　美图秀秀证件制作步骤（四）

图 2-9　美图秀秀证件制作步骤（五）

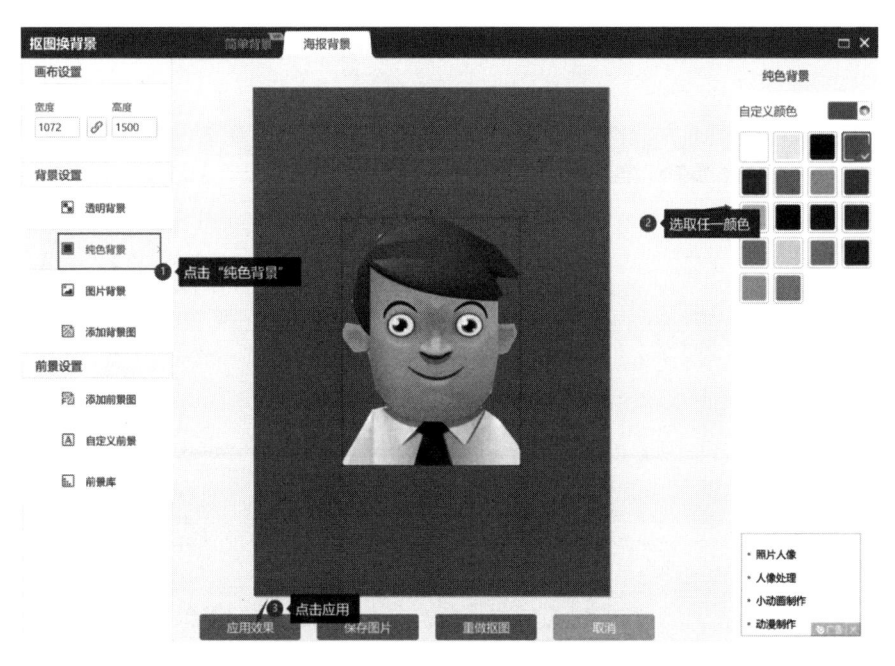

图 2-10　美图秀秀证件制作步骤（六）

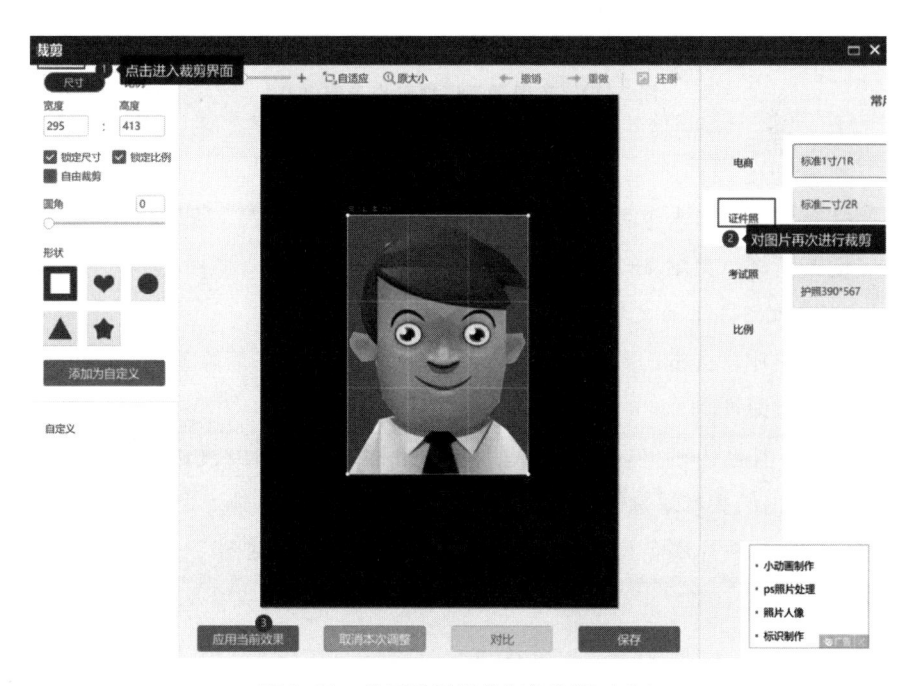

图 2-11　美图秀秀证件制作步骤（七）

图 2-12　美图秀秀证件制作步骤（八）

2. 修图

打开图片，点击工具栏内的"人像美容""贴纸饰品"即可完成对人像的一键式精修，见图 2-12。

3. 更改图片上的文字信息

打开图片，点击工具栏内的"美化图片"，选择"消除笔"，对文字进行多次擦除即可。

点击工具栏内的"文字→输入文字/会话气泡/水印/漫画文字/文字贴纸"，在弹出的文本编辑框内输入文字，并调整文字的字体、字号、颜色、透明度，使之与图片底色融为一体，确定并保存即可，见图 2-13、图 2-14、图 2-15。

图 2-13　图片信息更改（一）

图 2-14　图片信息更改（二）

图 2-15　图片信息更改（三）

## （二）PS 操作演示

1. 制作证件照

步骤：打开图片→▣裁剪（设定 1/2 寸证件照的裁剪参数）→右上角✓完成裁剪→▣快速选择工具（选定图中人物背景）→▣设置前景色（换为蓝或红）→按下【Alt+Delete】填充前景色→右键"取消选择"，完成证件照的制作，见图 2-16 至图 2-19。

2. 修图

（祛痘）打开图片，【Ctrl+J】复制一个新图层→右键点击▣，选择"污点修复画笔工具"，点击鼠标左键祛痘，右键再次点击▣，选择"修复画笔工具"，按住 Alt 键，对痘印旁边的皮肤进行左键取样，松开 Alt 键，鼠标左键再点击痘印，即可完成痘印的修复、遮盖。（其间可利用 Alt+鼠标滚轮来放大或缩小照片）

（祛斑）点击工具栏内的"滤镜"→液化并进行相关操作，详见图 2-20、图 2-21。

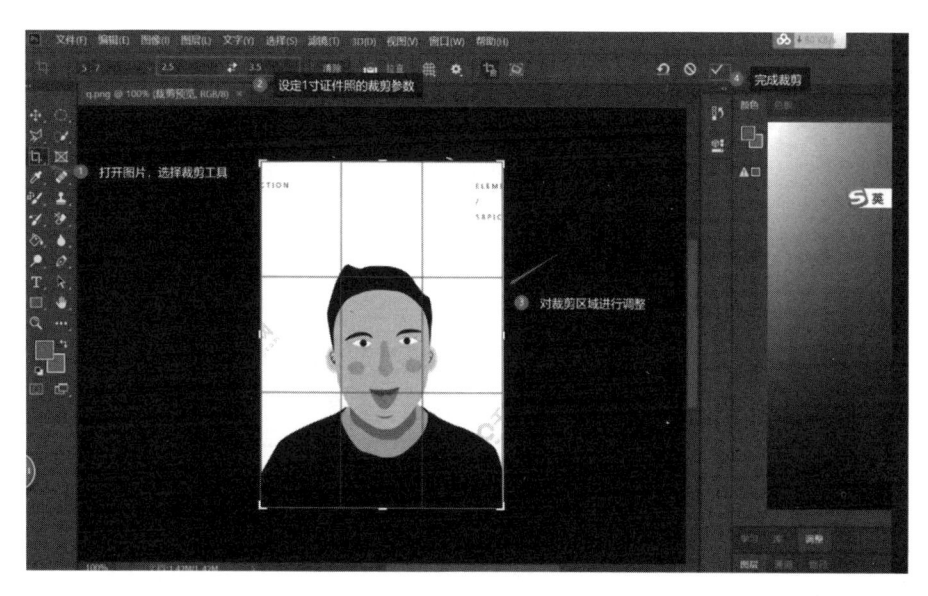

图 2-16　PS 证件制作步骤（一）

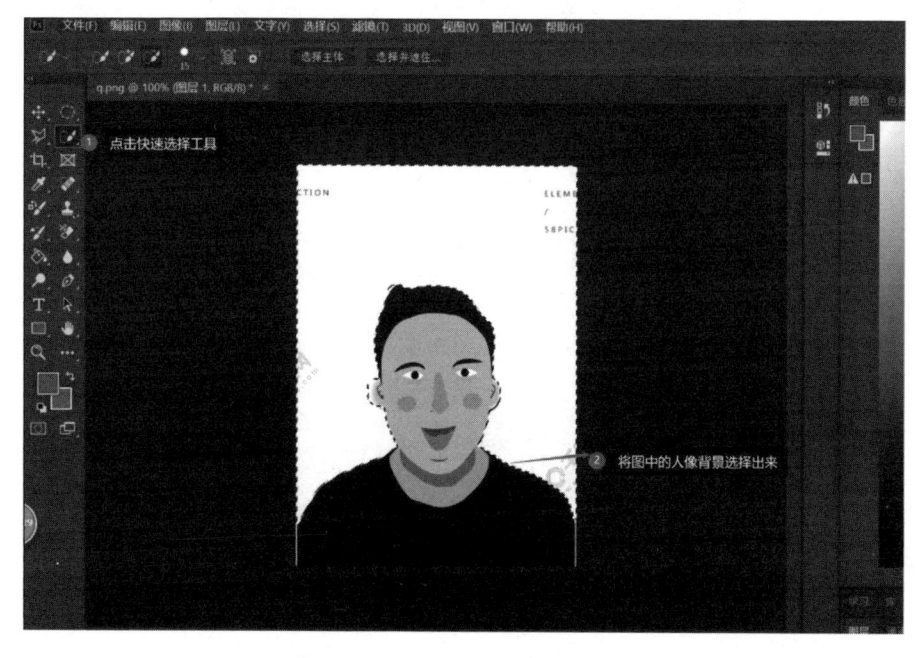

图 2-17　PS 证件制作步骤（二）

图 2-18　PS 证件制作步骤（三）

图 2-19　PS 证件制作步骤（四）

图 2-20　PS 修图（一）

图 2-21　PS 修图（二）

3. 更改图片上的文字信息

步骤：（消除文字）点击🛈（仿制图章），按住"Alt+鼠标左键"对文字周围区域取样，点击"鼠标左键"对文字进行涂画遮蔽，详见图 2-22。

图 2-22　PS 文字信息更改（一）

（添加文字）点击右键 T（文字工具），选择"横排文字工具"，输入替换文字并调整格式和位置，点击工具栏"滤镜→模糊→高斯模糊"，调整"半径"来与周围文字匹配、相容，见图 2-23。

图 2-23　PS 文字信息更改（二）

## （三）光影魔术手操作演示

1. 制作证件照

步骤：（第一步 头像裁剪）打开→裁剪→宽高比（标准一寸/1R）→裁切并确定；（第二步 更换背景）点击"抠图"→选择手动（自动）抠图→选择"选中笔"涂画人像（或人像外区域）→替换背景（勾选"非选中区域"，再点击"替换背景"）→进入"替换背景"对话框→选择红或蓝色→点击"确定"完成制作；（第三步 排版打印证件照）点击"排版"，确定排版样式，如选择8张一寸照，详见图2-24至图2-29。

2. 修图

点击工具栏内"基本调整"或"数码暗房"按钮，对图片进行相关设置即可完成美图功效，见图2-28。

3. 更改图片上的文字信息

方法一：打开图片，点击工具栏"画笔"按钮，弹出图2-30界面。点击画线→调整画线的粗细和透明度→直接涂画需消除的文字进行遮盖→再点击"确定"即可。方法二：点击"数码暗房"→"祛斑"→调整半径和力量→直接涂画即可。

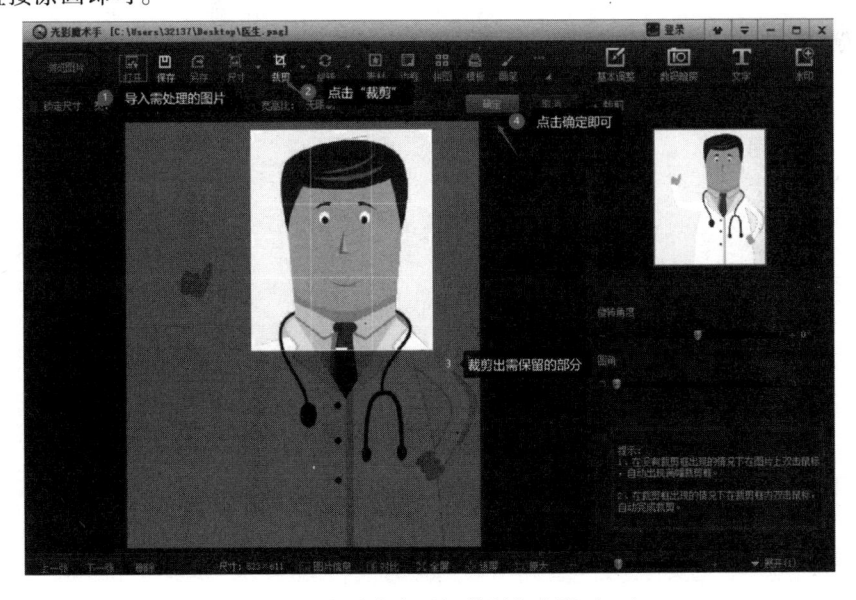

图2-24 光影魔术手证件制作步骤（一）

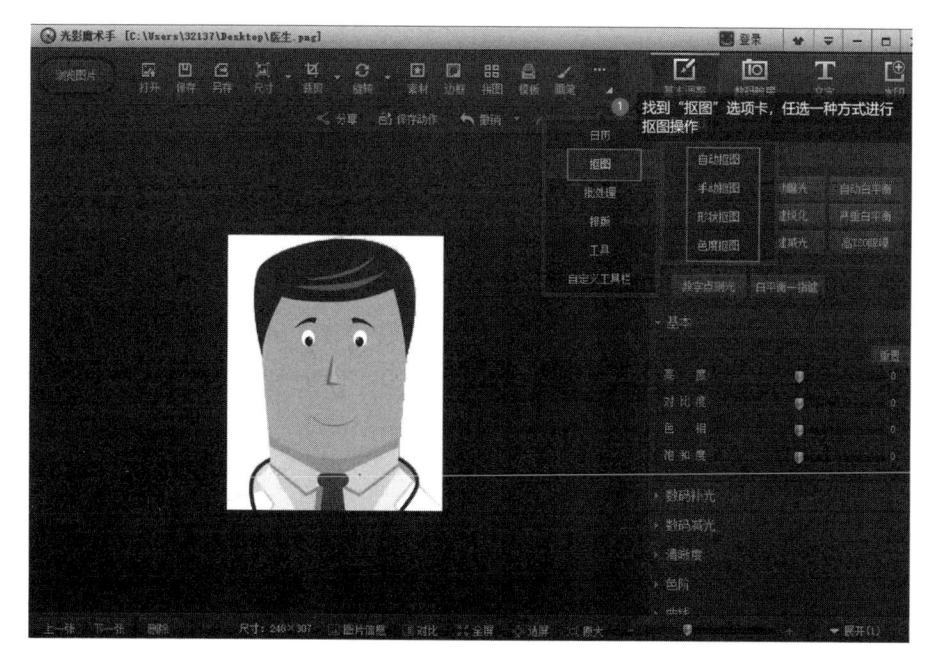

图 2-25　光影魔术手证件制作步骤（二）

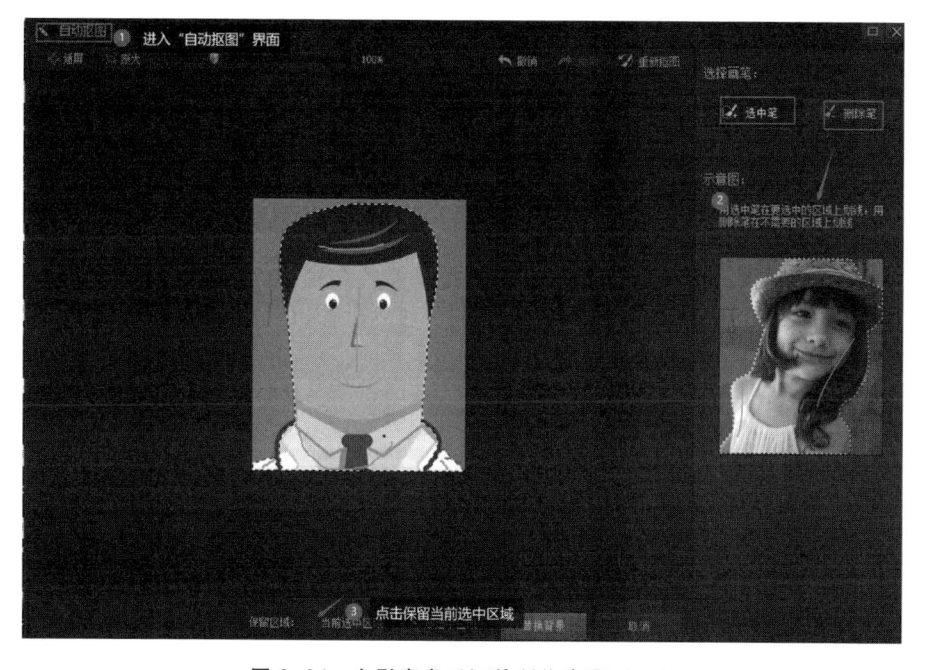

图 2-26　光影魔术手证件制作步骤（三）

图 2-27 光影魔术手证件制作步骤（四）

图 2-28 光影魔术手证件制作步骤（五）

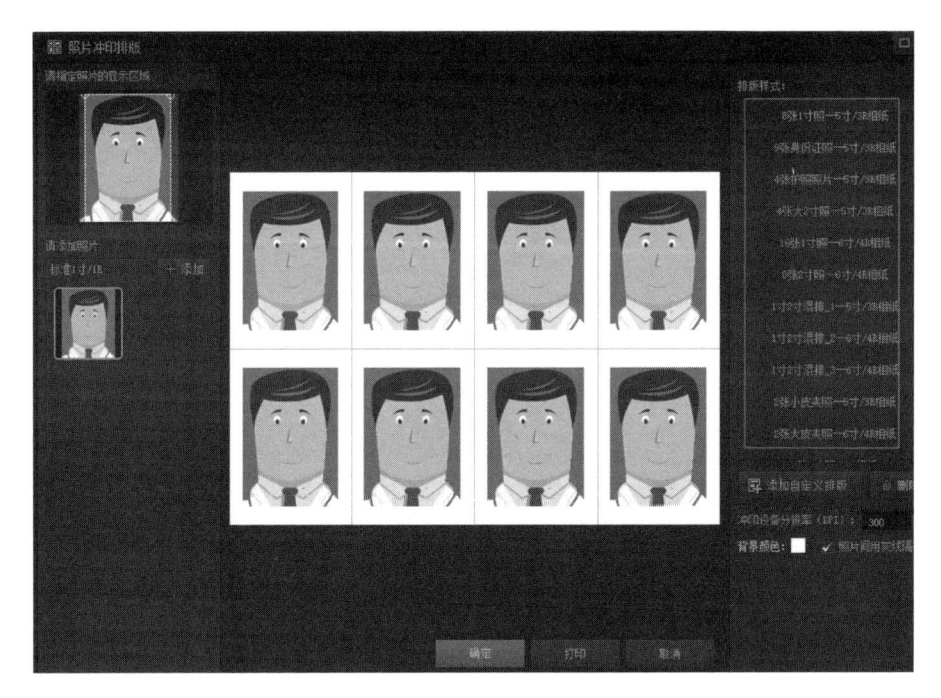

图 2-29　光影魔术手证件制作步骤（六）

图 2-30　光影魔术手信息更改（一）

(添加文字)点击工具栏"文字"按钮→右侧方框内编辑添加文字→对文字进行格式调整→保存,见图2-31。

图2-31 光影魔术手信息更改(二)

### 三 关联知识

#### (一)概念

美图秀秀,是2008年10月8日由厦门美图科技有限公司研发、推出的一款免费图片处理软件,有iPhone版、Android版、PC版、Windows Phone版、iPad版及网页版,致力于为全球用户提供专业智能的拍照、修图服务。[①] 美图秀秀的主要功能在于美图和人像美容美妆,其自带的美容美化、饰品、文字、边框、场景、拼图等功能可以快速使照片达到影楼级效果。

PS,全称"Adobe Photoshop",是由Adobe Systems开发和发行的图像处理软件。该软件是由Adobe公司为苹果机设计的,后来也可在PC和Windows

---

① 百度百科,https://baike.baidu.com/item/光影魔术手/10005173?fr=aladdin。

环境下运行。① PS 的专长不在图形创作，而重在对图像的处理加工，即对已有的位图图像进行编辑加工处理以及运用一些特殊效果。② 从功能上看可分为图像编辑、图像合成、校色调色、特效制作、图像输入与输出等部分，PS 是目前平面设计、图像处理等诸多领域中使用最为广泛的图像处理、图形设计应用程序。

光影魔术手（nEO iMAGING）是一款小型数码照片处理软件，2008 年被迅雷收购后就实现了完全免费。可在 Win2003/XP/2000/Win7/Win8/Win10/Win8.1 等系统环境下运行。它既可以对数码照片进行常规的基础处理，还可以完成一些高难度的效果处理，如反转效果、人像美容、营造柔光镜效果等。简单、易上手，是摄影作品后期处理、图片快速美容、数码照片冲印整理时必备的图像处理软件，能够满足绝大部分人照片后期处理的需要。③

### （二）优劣比较

美图秀秀、PS、光影魔术手优劣比较见表 2-1。

表 2-1　美图秀秀、PS、光影魔术手优劣比较

| 对比内容 | 美图秀秀 | PS | 光影魔术手 |
| --- | --- | --- | --- |
| 处理对象 | 主要为照片、图片 | 照片、图像、图形、图标、文字、视频等 | 主要为数码照片 |
| 便捷性/专业性 | 操作简单，入门零门槛。压缩裁剪图片等常用的处理操作难度极低且快速（特别是拼图）。专门针对使用情景（人像处理）设定好了各种参数，直接点击套用 | 难度较大（初学者），学习周期较长。PS 功能强大，几乎能达到你想要的任何效果。自定义程度极大，从曲线色阶到液化扭曲，都可以按照自己的构想去操作，但需要对一个个图层、通道、像素进行修饰、调整 | 简单、易上手，不需要任何专业的图像技术，就可以制作出专业胶片摄影的色彩效果 |

---

① 百度百科，https://baike.baidu.com/item/光影魔术手/10005173?fr=aladdin。
② 百度百科，https://baike.baidu.com/item/光影魔术手/10005173?fr=aladdin。
③ 百度百科，https://baike.baidu.com/item/光影魔术手/10005173?fr=aladdin。

续表

| 对比内容 | 美图秀秀 | PS | 光影魔术手 |
|---|---|---|---|
| 像素质量 | 易失真，不能保证图片的高清晰度 | 能够保证图片像素质量，即便将图片打印成巨幅广告，色彩效果仍能得到保证 | 利用数码暗房特效可制作出专业的胶片效果 |
| 批量处理 | 除 PS 外，其余两款批量处理功能强大，能够满足绝大部分需求（PS 主要为处理单张图片而设计） |||
| 学习成本 | 较低 | 学习成本高，对初学者不友好 | 较低 |
| 是否收费 | 免费 | 收费 | 免费 |
| 内存占用 | 内存占用小（397M） | 高内存占用（要求 1G 的可用磁盘空间） | 内存占用较小（102.4M） |
| 客户端 | 集中在移动端（移动端、PC 端、在线修图） | 集中在 PC 端（PC 端、移动端） | 集中在 PC 端 |
| 用户体验 | **消费类产品**<br>普通大众喜爱的照片处理软件，娱乐型的工具。（大众化）<br>整体处理、模糊计算，无法根据不同图片的情况进行个性化处理。<br>实际上是 PS 功能的简化版，也就是给"外行人"使用的人性化版 | **生产力产品**<br>万能的图像处理软件，专业处理型工具。（专业性）<br>可以局部改变图像或以像素调整的方法来修改图片。能根据不同图片的情况凭借技术处理成想要的效果，参数细节都在掌控之中 | **专项类产品**<br>可以简单代替 PS 的部分功能，能够解决家庭数码相机拍照中的各种缺陷问题，以及满足照片后期美化处理的需要 |

## （三）下载路径

美图秀秀：http：//mt.meipai.com/。

PS：http：//www.adobe.com/cn/products/photoshop.html。

光影魔术手：http：//www.neoimaging.cn/。

## （四）参考资料

| 参考书籍 | ①柏松编著《一分钟秘笈：美图秀秀照片处理》，清华大学出版社，2012。<br>②柏松编著《一分钟秘笈：光影魔术手照片处理》，清华大学出版社，2012。<br>③顾领中：《PS 高手炼成记 Photoshop CC 2017 从入门到精通》，人民邮电出版社，2017。 |
|---|---|

| | |
|---|---|
| 参考教程 | 课外视频链接<br>[美图秀秀] https：//b23.tv/7nEnZN。<br>[PS] https：//b23.tv/hiXdyv。<br>[光影魔术手] https：//b23.tv/JcFYci。<br>课内操作演示<br> |
| 课外阅读案例 | 为迎接伦敦奥运会的到来以及文化奥林匹亚（Cultural Olympiad）系列活动，英国国家档案馆在其官网开辟了奥运专栏，精心挑选有关历届夏季奥运会的珍贵馆藏，包括比赛照片以及相关文献资料等，又细分了运动、文化、历史、学习、社区、媒体及遗产等7个子板块。<br>来源：《中国档案》2012年第9期国际快讯。<br><br>宜昌市袁裕校家庭博物馆<br>来源：https：//m.baike.so.com/doc/7025696-7248599.html。<br><br>张家港市以普及家庭档案为抓手，将家庭档案与文明传承相结合，与家风教育相结合，打造具有张家港特色的家庭建档工作格局。截至2018年，全市建档家庭已达1万多户，其中500多户被评为建档示范户，有8户被市档案馆授牌"家庭档案馆"。<br>来源：http：//zjg.js.xinhuanet.com/2018-09/26/c_1123485833.htm。<br><br>2020年，王建国、吕逸涛两位全国政协委员提出《关于电影胶片记录国家重大事件和重点项目的国家影像工程列入十四五规划的提案》，推动使用胶片记录国家与民族重大事件与重点项目的国家影像工程。<br>来源：http：//www.whb.cn/zhuzhan/xinwen/20200527/350753.html。<br><br>微软旗下代码托管平台GitHub，于2020年7月8日将一批开放源代码写入了186卷胶片，并将它们存储到了北极。这些代码数据量多达21TB，其中就包括开源的安卓和Linux操作系统。作为现代文明的隐藏基石，这些附着在胶片上的代码将在北极深达250米的矿洞里，至少存储1000年，留给子孙后代，延续人类文明。<br>来源：https：//www.sohu.com/a/444590867_287936。<br><br>江苏档案馆在全国率先开展"为英雄建档 让英雄留名"活动，创建江苏援鄂医务人员档案数据库，赢得社会各界的普遍认同和广泛赞誉，在全国档案系统引起强烈反响。<br>来源：http：//www.xhby.net/js/jy/202006/t20200629_6706194.shtml。 |

## （五）课后练习题

1. 你认为有必要建立个人档案吗？可以通过生活中的哪些典型事例进行论证？

2. 档案部门在接收和征集私人档案时，应着重注意哪些问题？

3. 声像档案的概念和特点是什么？档案部门在对声像档案进行收集、整理及保护时，需要注意哪些问题？

4. 通过本章学习，你认为图像处理软件会对声像档案的管理与利用工作产生怎样的影响？

## 四 案例鉴赏

本节要求学生制作自己的证件照。

要求：1. 拍摄自己的正面照，不限定场所，不限定穿着。2. 从美图秀秀、PS、光影魔术手中选择任意一种工具，对拍摄照片进行抠图，更改背景颜色等技术操作。

评价标准（优秀作业）：1. 是否严格按照相关步骤操作，包括图片的裁剪、设置照片尺寸、人物抠图、背景颜色设置、着装更改等。2. 前后对比效果。

总结评价：三位同学在不同场所拍摄了自己的正面照，从成果图可以看出，三位同学在对原图进行裁剪的基础上设置了照片尺寸大小，对人物头像外部轮廓进行了抠图操作，并将照片背景颜色换成了蓝、白等颜色。在此基础上，三位同学都给照片添加了西装，并调整好了西装的位置及大小，前后对比图效果明显。

# 第三章 音频处理软件实训

## 一 互动课堂

### (一) 档案展览中有声读物音频制作

在传统的档案展览中,大多数人走马观花地"逛"完整个展览,"逛"完后脑海中对整体展览只有个大概的印象,而不会过多地关注档案本身记录的内容。数字阅读时代,各种听书 App 应运而生,如"喜马拉雅""荔枝 FM""懒人听书"等,诸如此类的有声读物层出不穷。将这些有声解说内容以二维码形式印制在展览实物旁边,相比于干巴巴地浏览档案,公众一边听着音频讲解,一边看着档案实物(见图 3-1),这种形式是否更容易为公众所接受呢?能否使公众更加关注档案展览的实质内容呢?

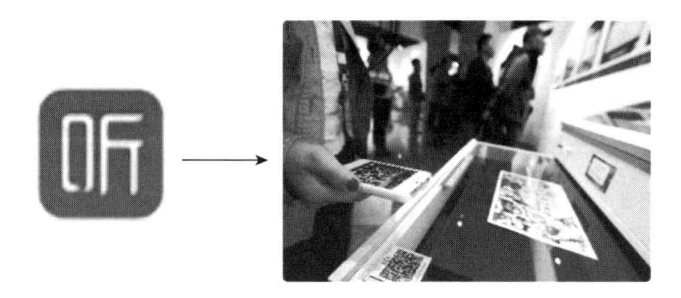

图 3-1 数字阅读时代的档案音频展览

### (二) 档案文创编研产品音频制作

档案文创编研是以档案文献出版物作为开发成果,充分开发档案信息资源,使档案信息资源增值,便于人们接收、理解和利用。它既是档案工作的重要成果,也是档案宣传的主要手段之一。然而,档案文创编研产品常因其内容题材的专业性、表现形式的单一性、推广模式的局限性等，一般只在档案管理领域小范围传播，很难引起大众的关注与共鸣，产品的传播效果也往往大打折扣。如何推陈出新，转化升级固有的展现模式，使档案文创编研产品获得更多受众的关注与喜爱，是值得深思的问题。

随着科学技术的不断发展，档案编研工作从组织、选题到形式、载体等都发生了很大变化，档案著作出版亦应主动顺应时代进步要求，积极拓展发展空间，主动向受众展示图片、音频、视频等多媒体编研成果，使著作摆脱文字内容上的局限。设想一下，在档案著作的编写阶段，编者若能将书稿中平实的文字内容录制成音视频，利用二维码技术在作品中添加二维码，读者阅读时，用手机扫一扫二维码，便可听到或看到书中的相关内容，这样是否会给读者带来轻松愉悦的阅读体验？

图 3-2　数字阅读时代的档案视频展览

### （三）口述访谈信息音频采集

口述访谈中会形成文字、声音、图像等多种形式的记录。文字记录可能会出现错记、漏记的情况，图像拍摄只能留存某一个场景中的人、事物的景象。相较于此，音视频记录显得更为重要，它可以将访谈中的对话内容全部记录下来，可以对文字记录中可能出现的错记、漏记进行查漏补缺，也可以对图像拍摄的某一个场景进行更深层次的补充。做好口述访谈信息音视频采集就显得尤为重要了，制作出一个好的音视频，需要进行音频剪辑、降噪、视频编辑等操作，那么首先我们学习一下，利用哪些软件可以为音频制作加工润色？

## 二 实景课堂练习

音频处理软件操作演示
- Goldwave：录制旁白音频　背景音乐剪辑　背景音乐设置　背景音乐旁白混音　保存音频文件
- 蜜蜂剪辑：录制旁白音频　背景音乐旁白混音　导出音频文件
- Apowersoft：录音　背景音乐编辑　混流音频文件　导出音频文件
- Audacity：录制旁白音频　背景音乐旁白混音　背景音乐编辑　保存音频文件

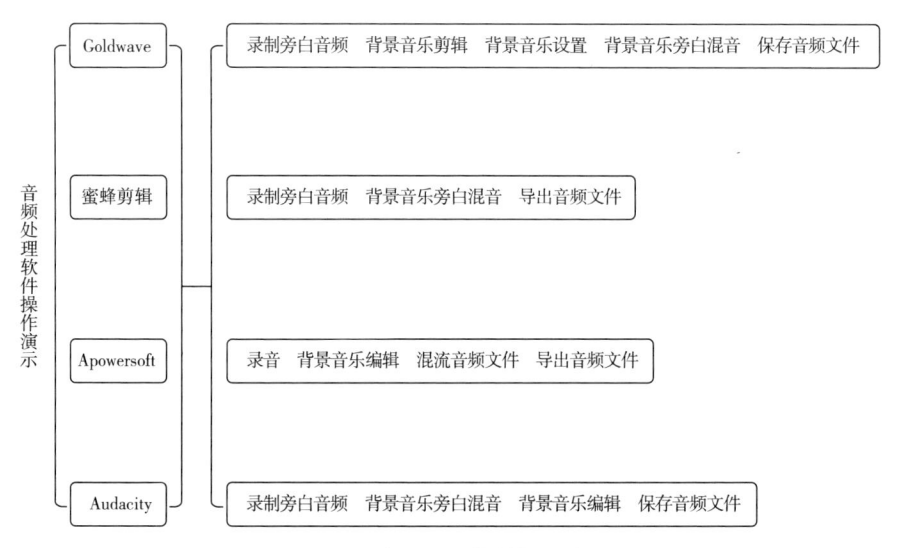

图 3-3　音频处理软件操作演示

### （一）Goldwave 操作演示

Goldwave操作演示：
录制旁白音频 → 背景音乐剪辑 → 背景音乐设置 → 背景音乐旁白混音 → 保存音频文件

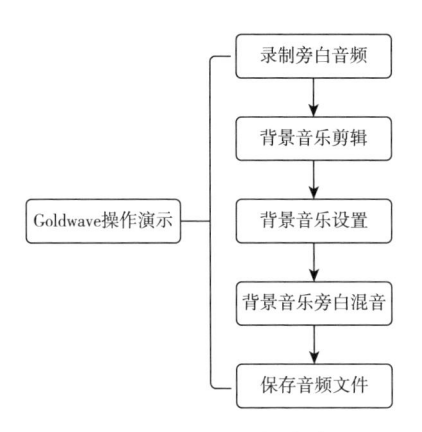

图 3-4　Goldwave 操作演示

1. 录制旁白音频

点击"创建一个新文件并开始录制"（在接下来的弹窗中可自行调整录音时长），录音完毕，点击"暂停"按钮，然后可点击"播放"按钮试听录音效果，若对录音结果满意，可直接点击"文件"→"另存为"进行保存，若录音背景过于嘈杂，可进行降噪处理再保存，详见图 3-5 至图 3-7。

图 3-5　Goldwave 音频录制

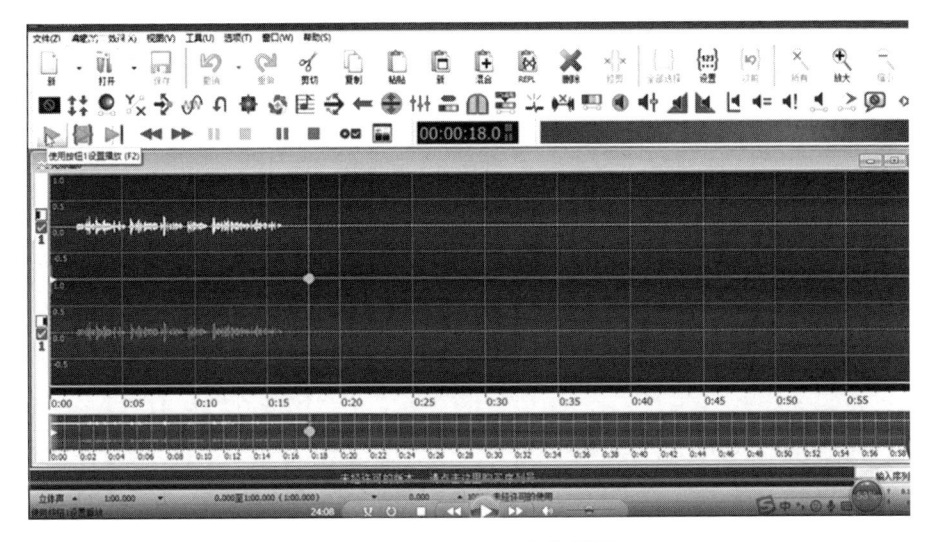

图 3-6　Goldwave 音频设置

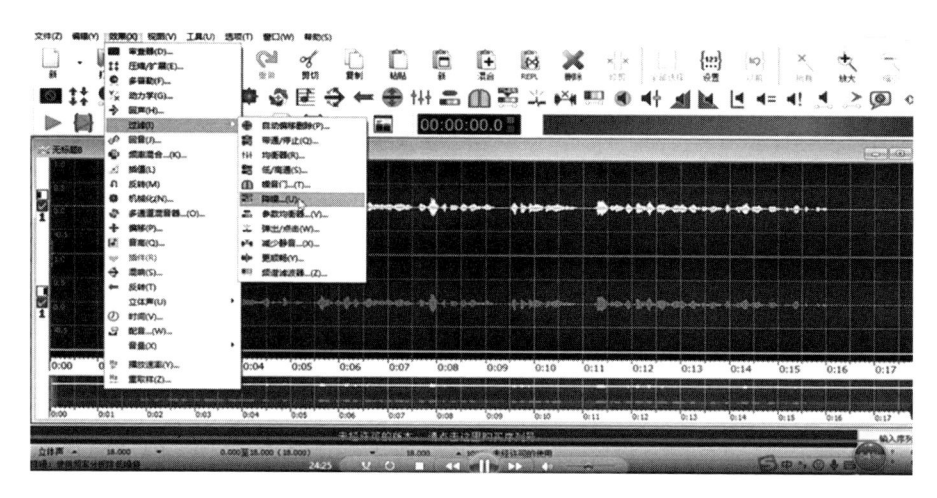

图 3-7　Goldwave 音频降噪处理

2. 背景音乐剪辑

先打开背景音乐，将鼠标放在音频最左边位置直至出现"｜"标识，按住鼠标左键将"｜"拖至背景音乐的第 1 分钟处，同理将鼠标放在音频最右边位置直至出现"｜"标识，按住鼠标左键将"｜"拖至背景音乐的第 3 分钟处，这样第 1~3 分钟形成一个区间（如图 3-8 所示），点击"修剪"，第 1~3 分钟的音乐就剪辑出来，按照这种操作就可以对背景音乐进行剪辑，最后点击"文件"→"另存为"进行保存。

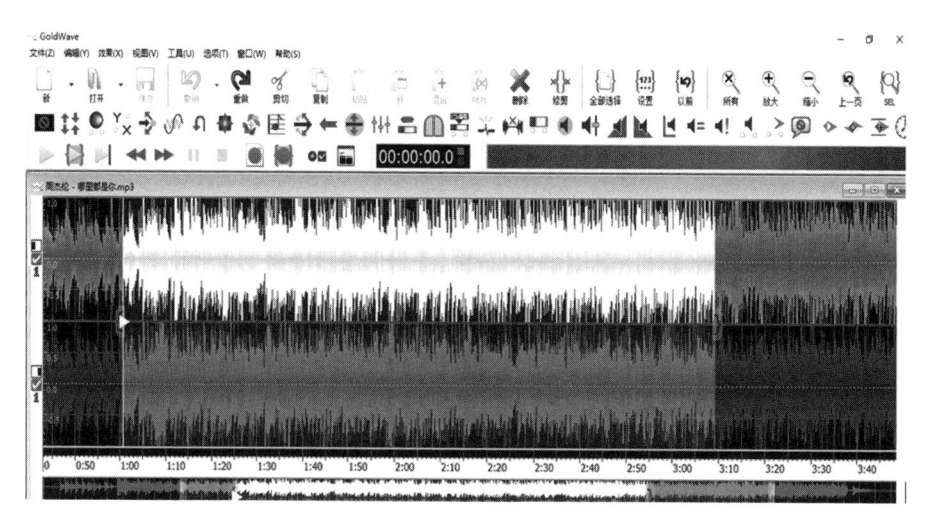

图 3-8　Goldwave 音频剪辑

3. 背景音乐设置

点击背景音乐，点击"效果"→"音量"→"淡入"，在接下来的弹窗中可以设置淡入的初始音量；点击"效果"→"音量"→"淡出"，在接下来的弹窗中可以设置淡出的最终音量。点击"效果"→"音量"→"改变音量"，以调节整个背景音乐的声音大小，见图3-9至图3-12。

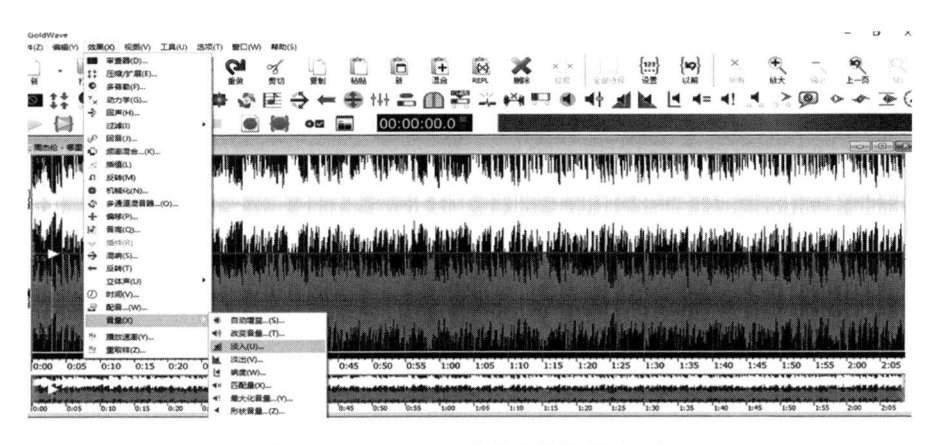

图3-9　Goldwave背景音乐设置（一）

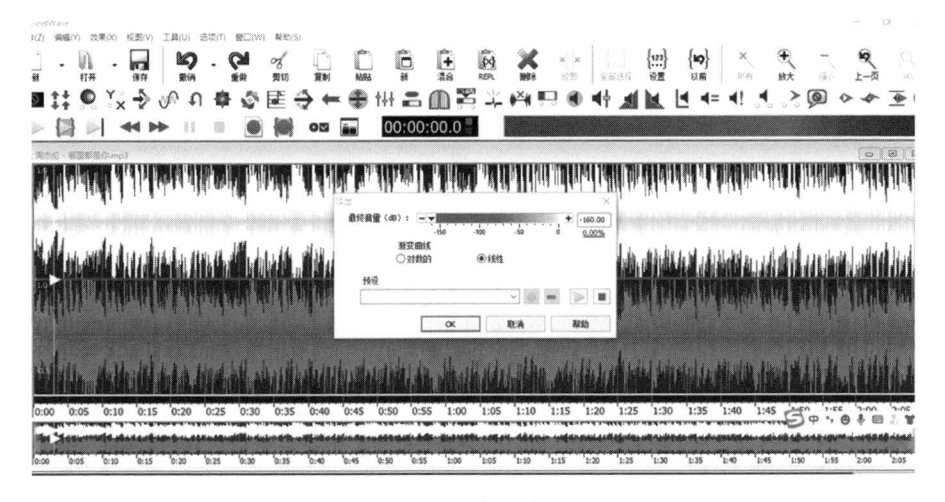

图3-10　Goldwave背景音乐设置（二）

图 3-11　Goldwave 背景音乐设置（三）

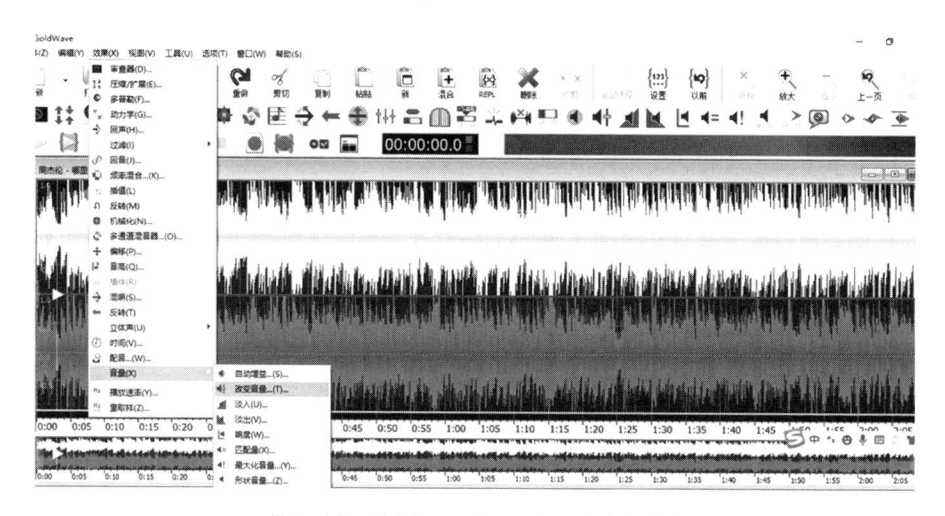

图 3-12　Goldwave 背景音乐设置（四）

4. 背景音乐旁白混音

分别打开在步骤 1 中录制好的旁白录音和步骤 3 中剪辑好的背景音乐这两个音频，点击其中一个音频，点击"复制"，然后点击另外一个音频，点击"混合"（可选择混合的时间与音量），点击"OK"，混合音频就完成了，见图 3-13、图 3-14。

5. 保存音频文件

点击"文件"→"另存为"，可自由选择音频保存格式，如 MP3、WAV 等，见图 3-15、图 3-16。

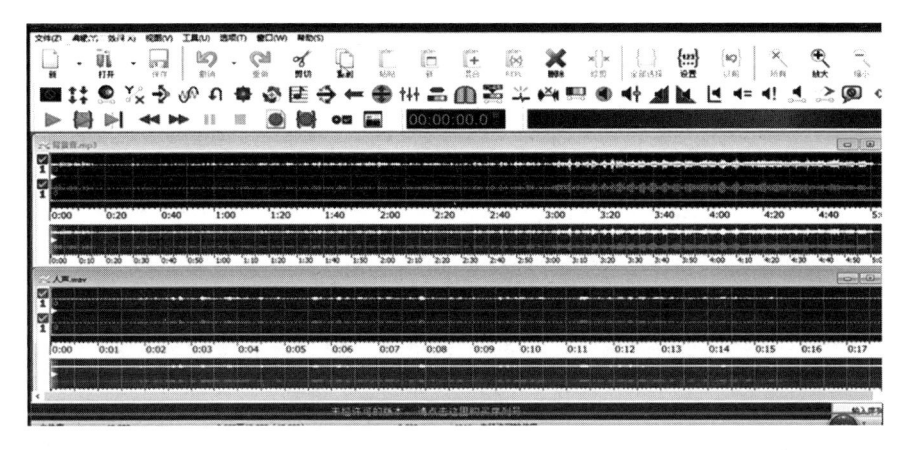

图 3-13　Goldwave 音频混合编辑（一）

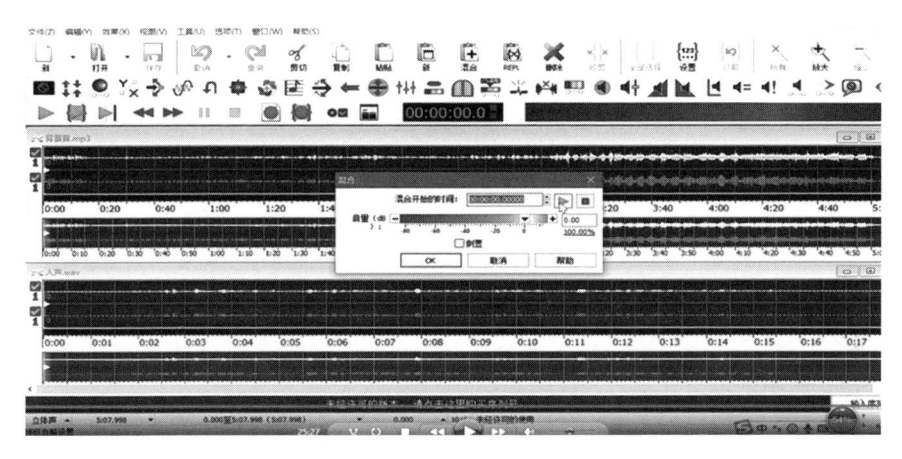

图 3-14　Goldwave 音频混合编辑（二）

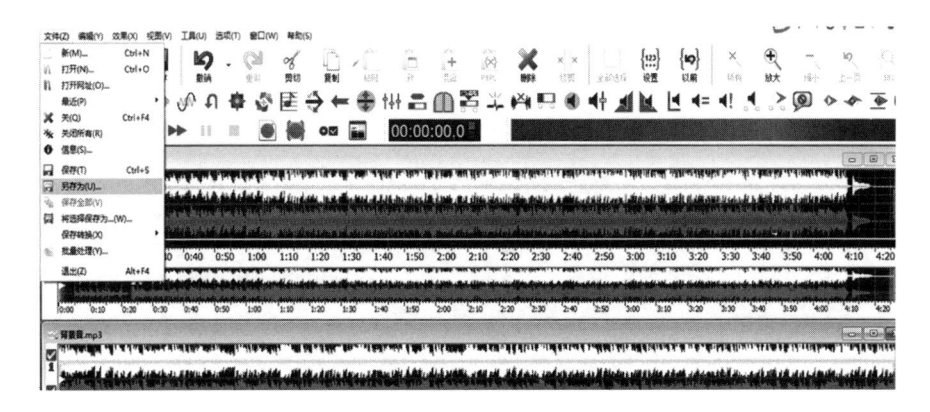

图 3-15　Goldwave 文件保存路径

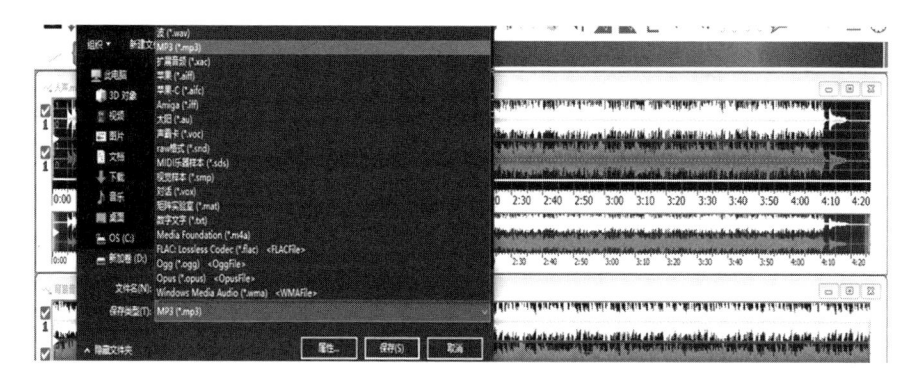

图 3-16 Goldwave 文件保存格式

### （二）蜜蜂剪辑操作演示

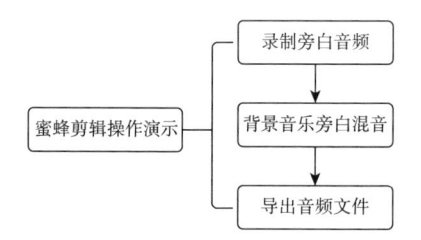

图 3-17 蜜蜂剪辑操作演示

**1. 录制旁白音频**

点击"配音"→"开始"进行录音，录音完毕后轨道区会显示已经生成的配音，点击"导出"，保存该音频，见图 3-18。

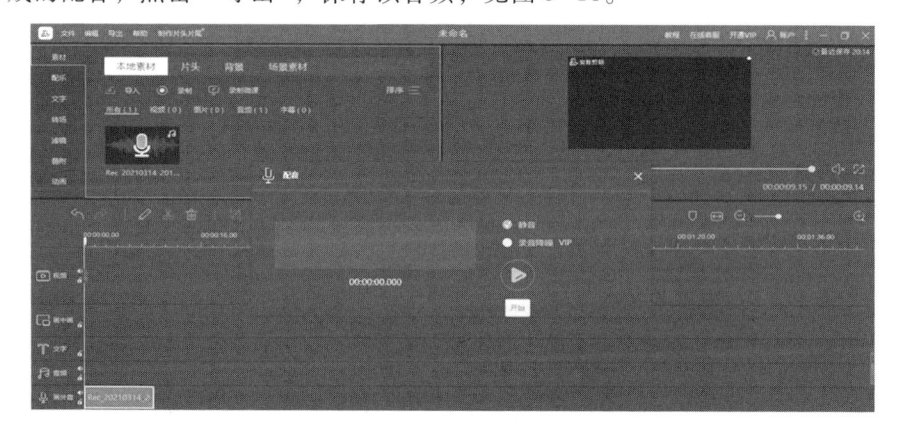

图 3-18 蜜蜂音频录制

2. 背景音乐旁白混音

首先，在素材区点击"导入"，分别导入背景音乐和录制好的旁白音频，再点击鼠标右键，选择"添加到轨道"，此时两段音频会处于同一音频轨道上，可以按住其中一个音频不放，将其拖至下面一个音频轨道。

其次，根据录音长短调整背景音乐长度。点击背景音乐进行播放，在需要剪辑的地方点击暂停，点击分割线"✂"对背景音乐进行分割，这样背景音乐就被剪辑成两部分，点击"Delete"键将后半部分删除，这样背景音乐的长度就与录音的长度相匹配。

最后，点击背景音乐，点击鼠标右键，再点击"编辑"，就可以设置背景音乐的声音、速度、淡入、淡出效果，见图3-19至图3-23。

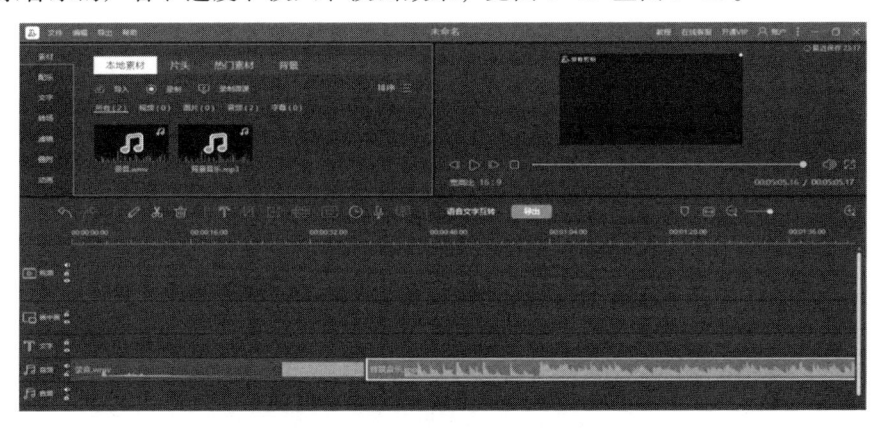

图3-19 蜜蜂音频混合编辑（一）

图3-20 蜜蜂音频混合编辑（二）

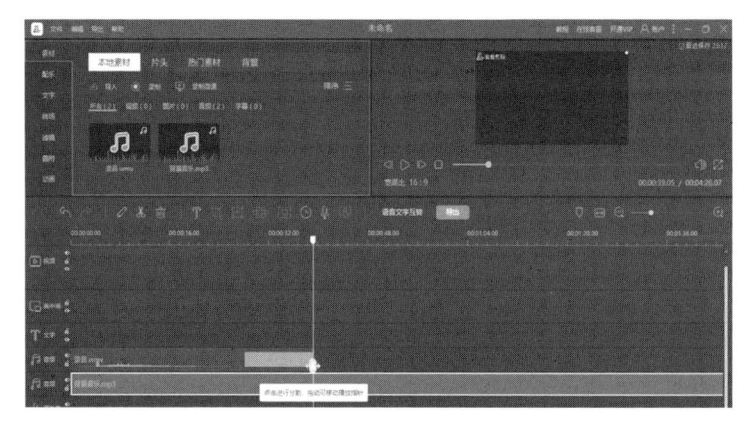

图 3-21　蜜蜂音频混合编辑（三）

图 3-22　蜜蜂音频混合编辑（四）

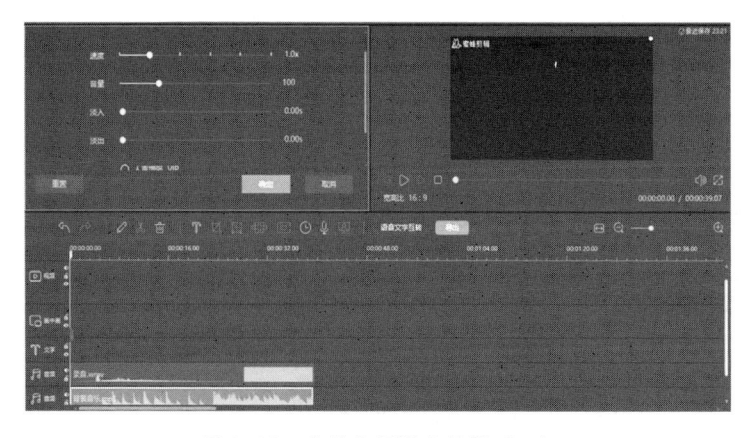

图 3-23　蜜蜂音频混合编辑（五）

3. 导出音频文件

点击"导出",保存形式设置为"音频",然后可以对音频的名称、输出目录、格式进行设置,最后点击"导出"即可,见图 3-24、图 3-25。

图 3-24　蜜蜂音频文件导出

图 3-25　蜜蜂音频文件导出格式

## (三) Apowersoft 操作演示

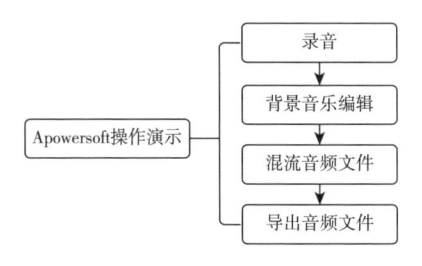

图 3-26　Apowersoft 操作演示

1. 录音

点击"录音",选择"系统声音"只会录制设备本身的声音,选择"麦克风"只会录制外界环境中的声音,也可以选择"系统声音和麦克风",录制完毕后点击保存,可以设置保存为MP3、OGG、WMA、WAV、FLAC,见图3-27、图3-28。

图 3-27　Apowersoft 录音

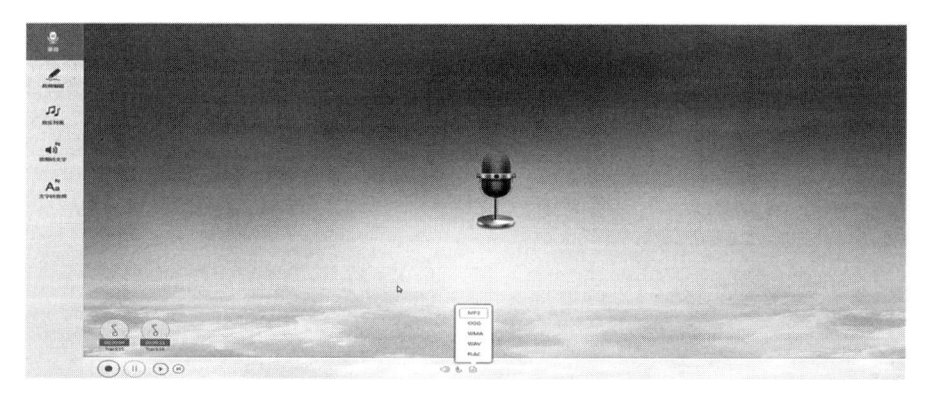

图 3-28　Apowersoft 录音格式选择

## 2. 背景音乐编辑

点击"请加载一个音频文件"导入需要编辑的背景音乐，点击音频任意区域，按住鼠标左键不放同时往右拖动，此时选中区域为白色，点击"编辑"选项，点击"删除选中区域"或"缩减到选中区域"，就可以删除或缩减音频，实现音频的简单剪辑功能，见图 3-29、图 3-30。

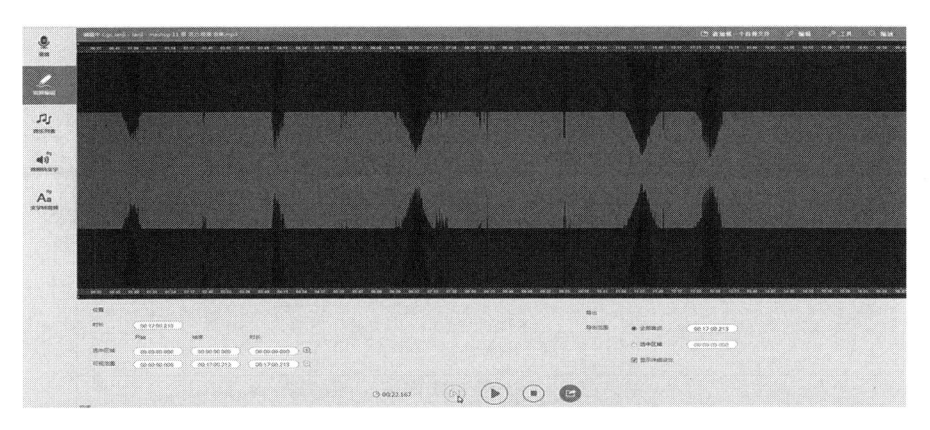

图 3-29　Apowersoft 背景音乐编辑（一）

图 3-30　Apowersoft 背景音乐编辑（二）

### 3. 混流音频文件

在步骤 2 的基础上,点击"工具"→"混流音频文件",在接下来的弹窗中选择步骤 1 中录制好的旁白音频即可,见图 3-31。

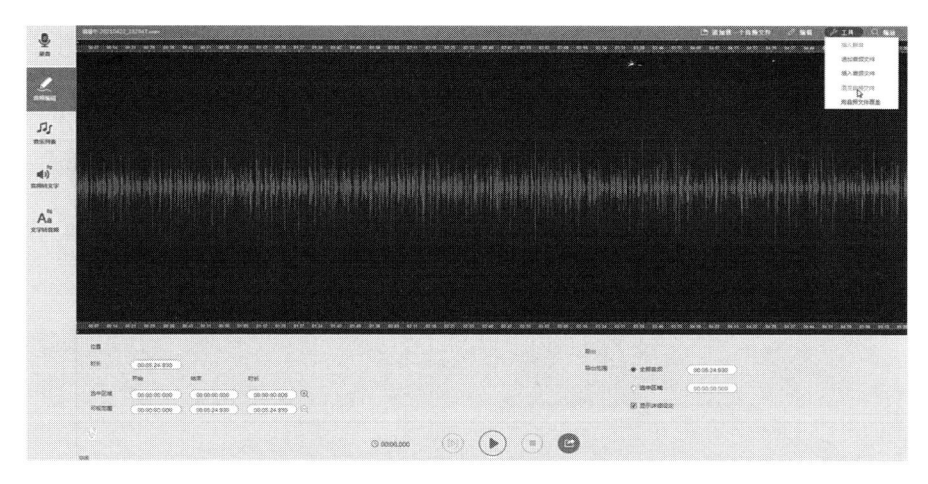

**图 3-31　Apowersoft 混流音频编辑**

### 4. 导出音频文件

点击"导出",可以选择导出格式为 MP3、AAC、OGG、WMA、WAV、FLAC,同时可以设置高、标准、低三种声音质量,见图 3-32 至图 3-34。

**图 3-32　Apowersoft 音频文件导出**

图 3-33　Apowersoft 音频文件导出格式

图 3-34　Apowersoft 音频文件音量设置

## （四）Audacity 操作演示

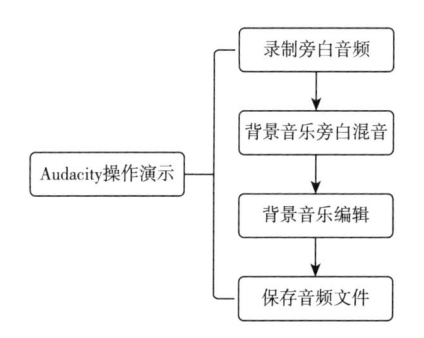

图 3-35　Audacity 操作演示

1. 录制旁白音频

选择"Windows WASAPI"，选择"扬声器"（只录制设备本身的声音）或选择"麦克风"（只录制外界环境中的声音），选择"2（立体声）录制声道"，点击"录制"，录制完毕点击暂停即可，然后可以点击"效果"→"降噪"对该音频文件进行简单处理；最后点击左上角"文件"→"导出"，可以直接选择"导出为音频"或选择导出为 MP3、OGG、WAV，见图 3-36 至图 3-38。

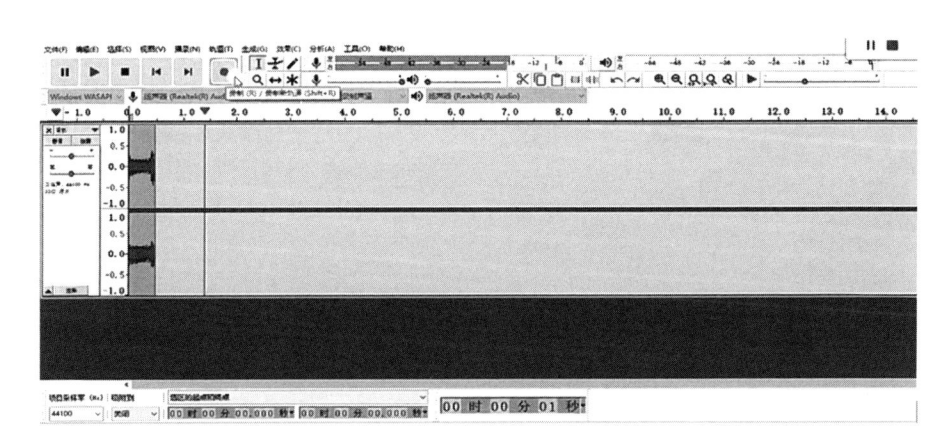

图 3-36　Audacity 旁白音频录制（一）

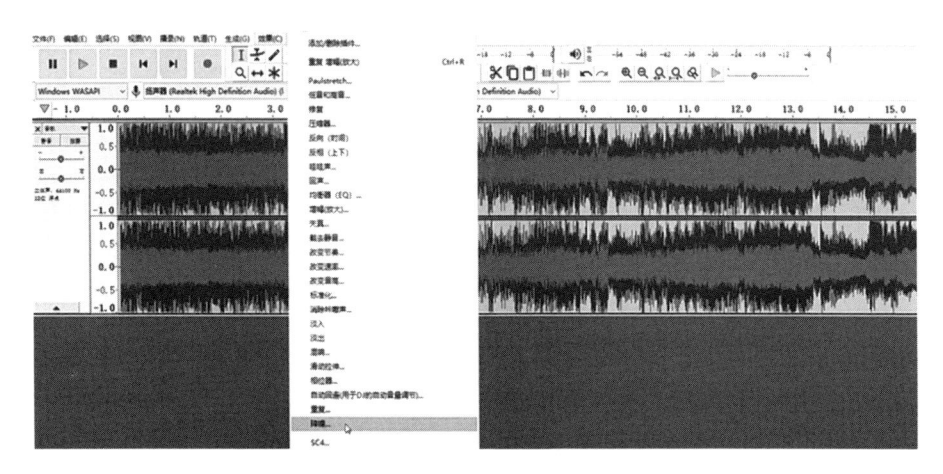

图 3-37　Audacity 旁白音频录制（二）

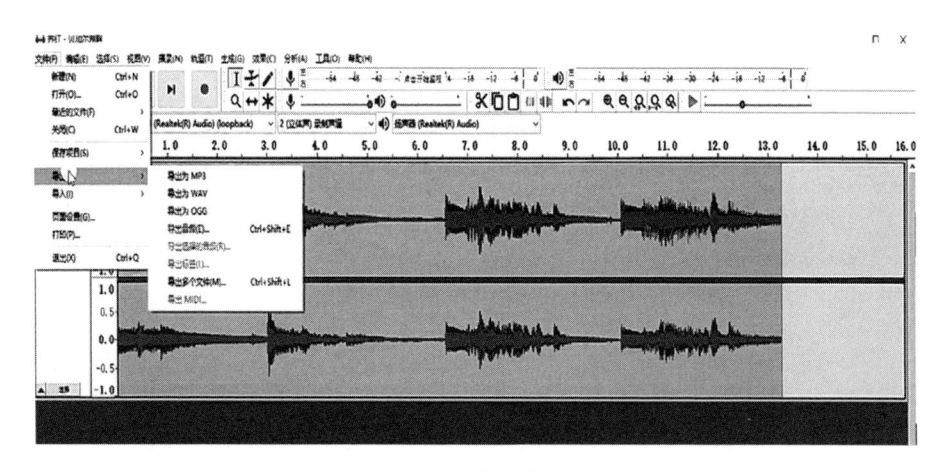

图 3-38　Audacity 旁白音频录制（三）

2. 背景音乐旁白混音

在步骤 1 的基础上，点击"文件"→"导入"，导入背景音乐，这样在音频播放区会出现两个音轨，就可以实现背景音乐与旁白混音，见图 3-39。

3. 背景音乐编辑

点击背景音乐，按住鼠标左键不放往右拖动，此时选中部分显示为白色（未选中部分为灰色），点击"Delete"键，即可删掉白色区域，实现音频的剪辑。这样就可以根据旁白录音来调节背景音乐的时长，见图 3-40。

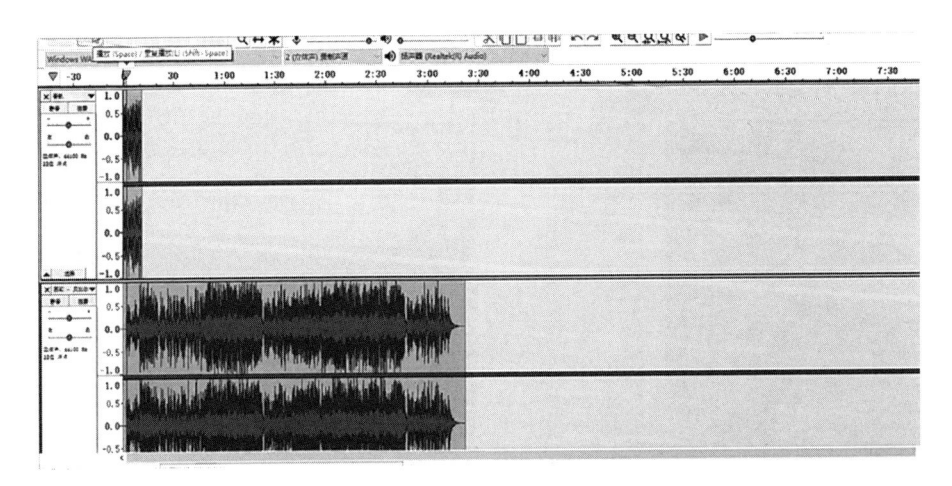

图 3-39　Audacity 背景音乐旁白混音

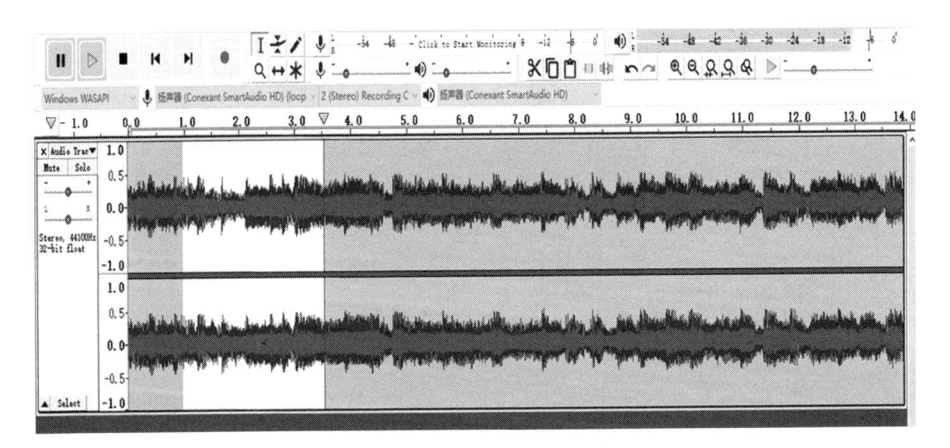

图 3-40　Audacity 背景音乐编辑（一）

鼠标点击背景音乐，然后点击"效果"选项，可通过"降噪""改变速率""改变节奏""淡入""淡出"等功能按钮对选中区域进行编辑，见图 3-41。

4. 保存音频文件

点击左上角"文件"→"导出"，可以直接选择"导出为音频"或选择导出为 MP3、OGG、WAV，见图 3-42。

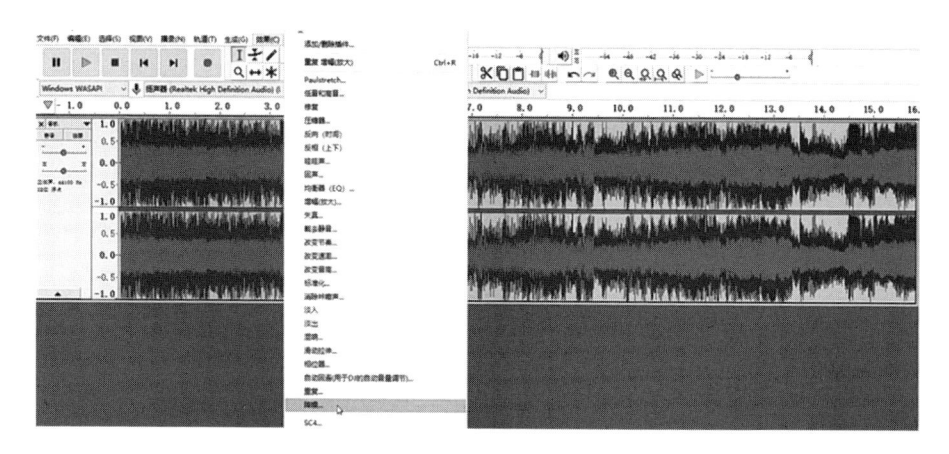

图 3-41　Audacity 背景音乐编辑（二）

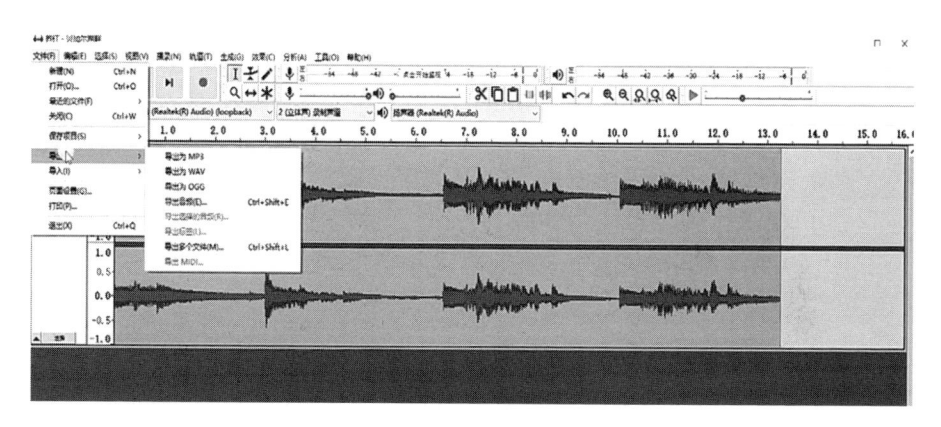

图 3-42　Audacity 音频文件导出格式

## 三　关联知识

### （一）概念

Goldwave 是一款功能强大的数字音频编辑器，是集声音编辑、播放、录制和转换于一体的音频工具。支持许多格式的音频文件，包括 VOC、IFF、AIFF、AIFC、AU、SND、MP3、MAT、DWD、SMP、VOX、SDS、WAV、OGG 等音频格式。也可从 CD、VCD、DVD 或其他视频文件中提取声音。内含丰富的音频处理特效，从一般特效如多普勒、回声、混响、降噪到高级的公式计算（利用公式在理论上可以产生任何你想要的声音）。

蜜蜂剪辑是由深圳市网旭科技有限公司开发的一款操作简单、功能专业的全平台视频剪辑软件，可快速裁剪、分割、合并视频，给视频加字幕、去水印、添加背景音乐、视频调色、添加倒放效果、视频快进慢放、视频配音、语音和字幕互转、绿幕抠图以及制作画中画视频等，可在Windows、Mac、iOS 和 Android 上尽享流畅剪辑体验，满足不同人群的剪辑需求。

Apowersoft 是一款能够快速编辑音频文件的工具，轻松实现剪切、分割、合并、复制和粘贴等音频编辑功能。它可以将多个音频合并成一个完整的音频，也可以按照个人喜好剪裁拼接一段独特的音频。它能提供多轨道混音功能，制作出精彩的混音效果。

Audacity 是一款免费的音频处理软件，遵循 GNU 协议。Audacity 是一款跨平台的声音编辑软件，用于录音和编辑音频，是自由、开放源代码的软件，可在 Mac OS X、Microsoft Windows、GNU/Linux 和其他操作系统上运作。

### （二）优劣比较

Goldwave、蜜蜂剪辑、Apowersoft、Audacity 优劣比较见表 3-1。

表 3-1　Goldwave、蜜蜂剪辑、Apowersoft、Audacity 优劣比较

| 对比内容 | Goldwave | 蜜蜂剪辑 | Apowersoft | Audacity |
| --- | --- | --- | --- | --- |
| 处理对象 | 主要为音频、视频 | 主要为照片、图像、文字、音频、视频等 | 主要为音频 | 主要为音频 |
| 便捷性/专业性 | 简单、易上手操作。支持十几种音频格式，支持为音频添加特效、选择声道编辑、改变音频音高等 | 操作简单，入门零门槛。功能免费，无文件大小限制，支持提取视频音乐、音频基础剪辑、降噪等众多功能，可自定义参数支持多音轨编辑 | 简单、易上手操作，界面简单易用，仅支持基本剪辑音频功能 | 简单、易上手操作，不需要具备任何专业的音频处理技术就可以进行操作，但界面显示为英文，对初学者不是很友好 |

续表

| 对比内容 | Goldwave | 蜜蜂剪辑 | Apowersoft | Audacity |
| --- | --- | --- | --- | --- |
| 学习成本 | 较低 | 较低 | 较低 | 较低，但用户需要具备一定的英文理解能力 |
| 是否收费 | 免费 | 免费（部分功能收费） | 收费（部分功能免费） | 免费 |
| 用户体验 | 主编辑界面可以任意打开多个，每个界面内均可自由处理音频，多个主编辑界面互不影响。很容易上手，适合普通用户完成日常的音乐剪辑，比如支持背景音乐旁白混音、去声、降噪等，体积小、功能大，非常适合新手用户 | 非常实用的一款音视频剪辑软件，界面清晰明了，常规的剪辑功能可以立刻找到，使用起来非常方便，可以对音频加入淡出、淡入等效果，使得音频串接非常自然，还支持转场、特效、画中画等多种功能。是一款非常实用、便捷的软件 | 仅支持基本剪辑音频功能（如删除、插入、混流音频文件等），缺乏背景音乐旁白混音等高级剪辑音频功能，软件运作时有卡顿 | 界面简单明了，可以实现对音频文件的简单操作，但界面显示为英文，用户需要具备一定的英文理解能力 |

## （三）下载路径

Goldwave：https：//www. goldwavechina. cn/.

蜜蜂剪辑：https：//software. airmore. cn/beecut-editor？Apptype＝aps－360。

Apowersoft：https：//www. apowersoft. cn/free-online-audio-editor.

Audacity：https：//download. zol. com. cn/tuiguang/detail/36/352584. shtml？qw＝.

## （四）参考资源

1. 教程

（1）课外视频链接

Goldwave：

https：//www. bilibili. com/video/BV1bv411N78m？from＝search&seid＝

8476309277966837633&spm_id_from=333.337.0.0。

蜜蜂剪辑：

https：//www.bilibili.com/video/BV1Wt411x73B？from=search&seid=7395837827847541818&spm_id_from=333.337.0.0。

Audacity：

https：//www.bilibili.com/video/BV1CE411k78y？from=search&seid=3712632481349748361&spm_id_from=333.337.0.0。

（2）课内操作演示

2. 案例

（1）云南省档案馆制作"【红色档案·云南中共党员口述历史】第四集（黄洛峰）"：http：//www.ynda.yn.gov.cn/html/2021/gongzuodongtai_0520/5486.html。

（2）华南理工大学出版社出版了《华园品藏》这部档案著作，以照片、文字和影像形式出版，还由专业的广告公司录制并剪辑成藏品介绍视频，并上传至安全稳定的微平台。已拍摄视频的藏品，将在书页中加印视频二维码，读者在阅读过程中，扫描二维码即可观看藏品视频：http：//www.scutpress.com.cn/book-4700.htm。

### （五）课后思考题

1. 常见的数字音频资源格式包括哪些？
2. 如何利用音频处理软件创新档案信息资源开发利用方式？
3. 在利用音频处理软件开发档案信息资源时应注意什么问题？
4. 除上述音频处理软件外，还有什么音频软件适用于档案信息资源开发？

## 四 案例鉴赏

（一）有声读物制作案例

（二）音频剪辑与串接处理案例

（三）口述采集音频案例

# 第四章 视频处理软件实训

## 一 互动课堂

### (一) 档案竞赛中的微电影制作

以习近平同志为核心的党中央十分重视高等教育高质量发展,始终把教育摆在优先发展的战略地位,开启了加快教育现代化、建设教育强国的历史新征程。档案竞赛能够以赛促教、以赛促创,激发学生的创造力,促进教育链、人才链与创新链有机衔接,探索人才培养新途径,形成新的人才培养质量观和质量标准。档案竞赛中微电影的制作,除了题材新颖动人之外,还要有比较好的拍摄技术,高超的拍摄技术不仅能提高短片的视觉效果,还可以增强其艺术表现能力,然而,拍摄微电影时,要掌握基本拍摄技术,懂得正确认识画面构图、正确处理逆光拍摄、加强拍摄的稳定性等。设想一下,在进行档案微电影拍摄时,应该注意哪些拍摄技术呢?如图4-1所示,同一风景画面,不同画面构图、不同光线效果,哪一张的拍摄技术更好一点呢?

### (二) 档案文创编研中的短视频制作

档案编研是档案部门根据馆(室)藏档案和社会需求,在研究档案内容的基础上,编写参考资料、汇编档案文件、参与编史修志、撰写论文专著等,以文字为主要表现形式。这种以文字为主体的档案编研使得本就小众而专业的档案编研略显乏味,难以在第一时间吸引大众的眼球,此外,以文字为主要表现形式的纸质档案文创编研难以打破时间与空间的传播界限,其传播效果也会大打折扣。

党的十八大以来,以习近平同志为核心的党中央高度重视传统媒体和

图 4-1　风景画拍摄技术比较

新媒体的融合发展。在融媒体发展与档案工作联系越发紧密的今天，媒体融合发展理念同样也可以应用到档案著作的编写出版中，利用多媒体手段丰富档案文创编研的内容形式，提升档案文创编研的科技含量，同时扩大档案文创的宣传渠道。相较于图片与文字仅从二维角度传递信息，视频影像则能给人带来 360 度的直观立体感受。设想一下，在档案著作的编写阶段，编者如能将书稿中平实的内容拍摄成视频，同时利用二维码技术在著作中添加二维码，读者翻阅书籍时，通过二维码便可以观看立体高清的档案影像，这样是否可以给读者带来耳目一新的阅读体验？不妨看看图 4-2，直观感受一下哪一种更容易引起读者的阅读兴趣。

## （三）档案网站/档案微信公众号宣传片制作

档案部门因其低调务实的传统特性，往往较少重视对档案、档案工作、档案事业的宣传推广，传统的档案宣传工作多以档案展览等现场活动为基

图 4-2 档案的传统媒体和新媒体对比

础，或在档案网站和公众号发一篇冗词赘句的推文，但宣传范围和效果往往不尽如人意。随着新媒体技术的不断发展，微信、微博、短视频以信息量大和交互性强等特点获得了社会公众的喜爱，不少网站、微信公众号积极向公众展示集文字、图片、音像于一体的多媒体传播形式。请设想一下如下场景。

当你想要了解一个档案网站或档案微信公众号时，点进"简介"模块弹出来的是一篇满是文字的页面，见图 4-3。

本馆创建于1920年，初名省公立图书馆（1930年更名省立图书馆，1940年更名省立兰州图书馆），从1953年起始称省图书馆。本馆迄今已有近百年历史，是向社会公众提供图书阅读和知识咨询服务的学术性机构，国家一级图书馆，国务院公布的首批全国古籍重点保护单位，全国九个地区性中心图书馆之一。

本馆为副地级建制，现设、文化共享工程省分中心、省古籍保护中心、党委办公室、人事处、综合业务处、行政办公室、计财处、采编部、典阅部、报刊部、少儿图书馆、历史文献部、信息咨询部、研究辅导部、现代技术应用部、保卫处等17个业务行政部门和继续教育中心、会展中心、《图书与情报》编辑部、基建办等4个内设机构。

经过近百年的积累，本馆的藏书总量已逾480万册，其中以古旧籍和西北地方文献为特色馆藏。伴随着实现业务管理自动化的步伐，馆藏资源数字化逐步推进，数字资源不断充实，形成多种载体类型互补的文献保障体系，已订购以及中国知网（CNKI）期刊全文数据库、报刊复印资料全文数据库、新东方多媒体学库、全国报刊索引、万方数据知识资源系统、博看期刊数据库、台湾经典人文期刊库、超星电子图书等32个各类商业数据库。

本馆全年365天全免费开放，馆内百万余册开架图书、6000余种期刊、270余种报纸，以及各类多媒体资料、缩微文献和网络数字资源等，向读者提供多层次的内阅外借、检索咨询、课题跟踪等服务。持证读者达13万余人，年接待读者160多万人次，流通书刊1000多万册次。馆内设有办证处、咨询处、检索厅、外借处、阅览室等服务窗口20个，报告厅、展览厅、会议室等基础设施齐全，并通过遍及全省城乡的80多个分馆和图书流通站、1.6万个共享工程各级基层中心和服务点，图书馆的服务还在不断延伸。

图 4-3　档案"简介"模式（一）

设想一下，如果该网站、微信公众号的宣传推文是图4-4这种形式呢？

图 4-4　档案"简介"模式（二）

如果仅从这两种推文的呈现形式来看，你认为哪种更能引起人们的阅读兴趣呢？

## 二　实景课堂练习

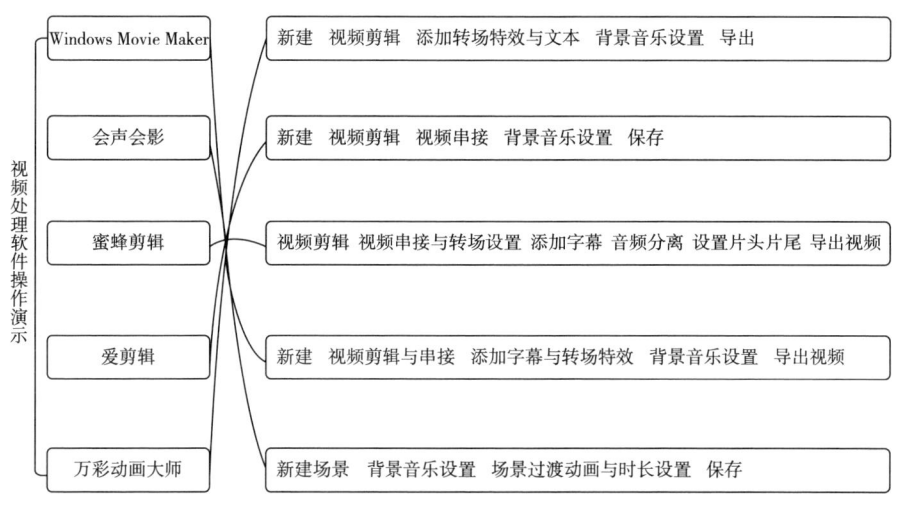

图 4-5　视频处理软件操作演示

### （一）Windows Movie Maker 操作演示

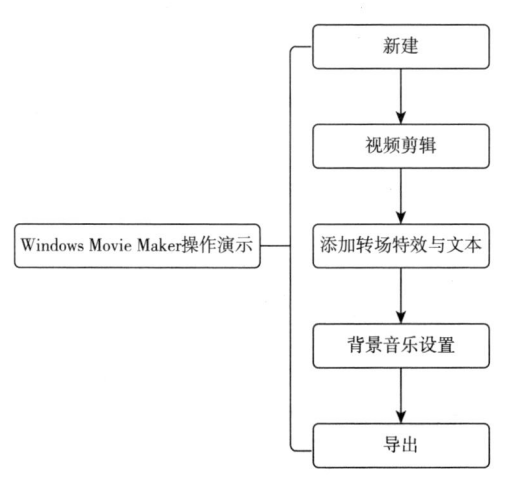

图 4-6　Windows Movie Maker 操作演示

1. 新建

点击"文件"→"新建工程",根据需要选择比例。点击"媒体"→"导入图像和视频",将素材添加进来,添加完毕后点击单个素材的"+",将其添加到轨道区。见图 4-7 至图 4-9。

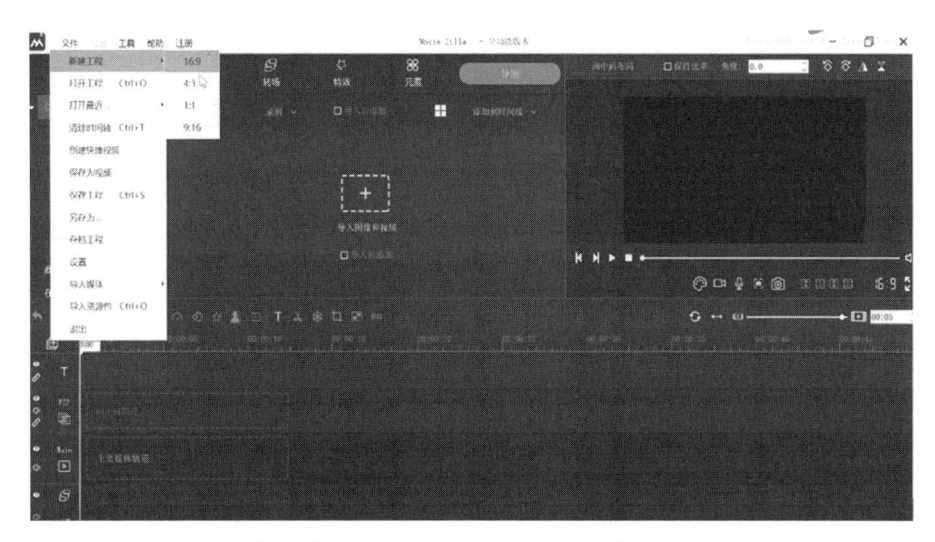

图 4-7 Windows Movie Maker 新建(一)

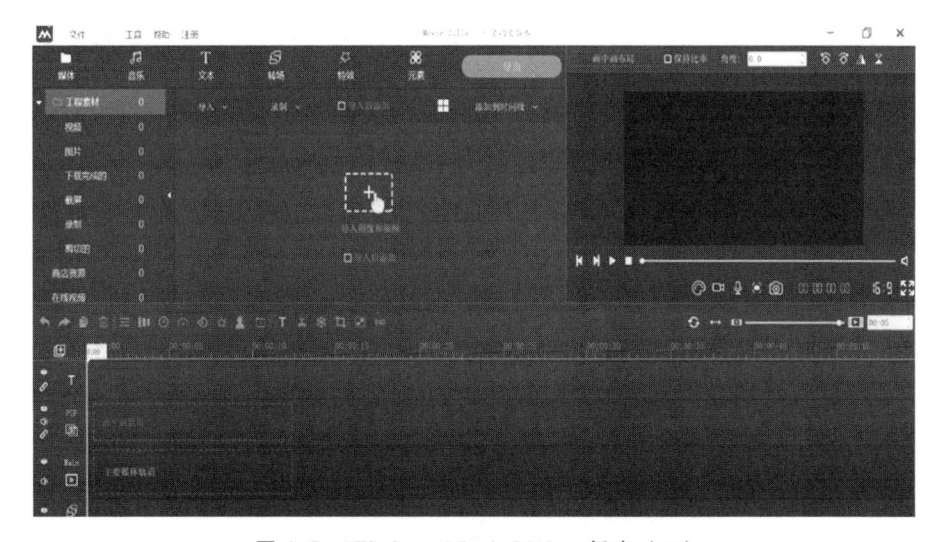

图 4-8 Windows Movie Maker 新建(二)

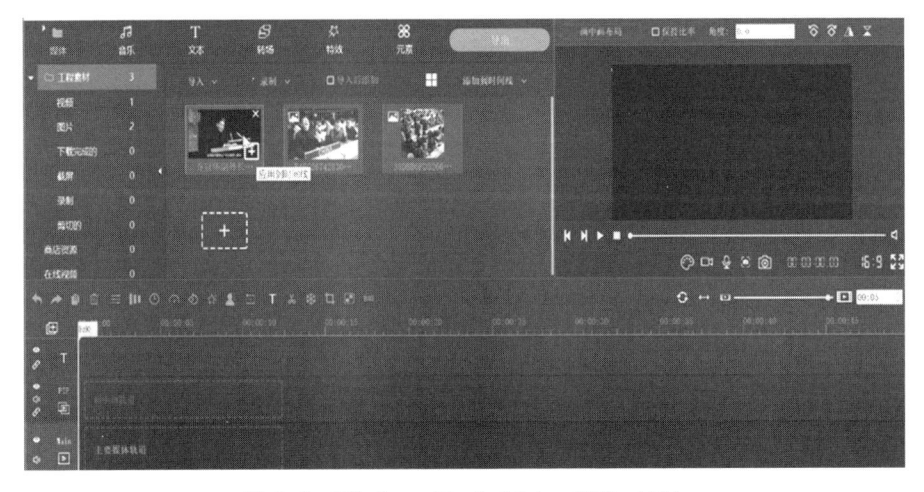

图 4-9　Windows Movie Maker 新建（三）

2. 视频剪辑

点击视频进行播放，在需要剪辑处点击暂停，然后点击分割线"✂"标志，将视频剪辑成两个部分，点击"Delete"键将多余部分删除。见图4-10。

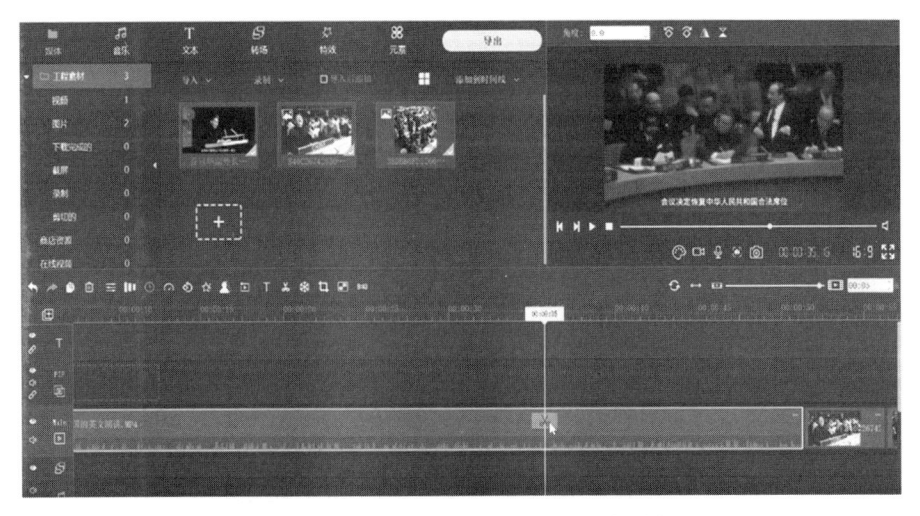

图 4-10　Windows Movie Maker 视频剪辑

3. 添加转场特效与文本

点击两个视频的串接处,点击"转场",单击其中一种转场特效就可以将该特效添加到两个视频的串接处,拉动该转场特效框,可以调节转场时长。

点击"文本",选中其中一种文本效果,点击文本"+"将其添加到文本轨道,在右上角的视频播放区中可以对文本的内容、字体、颜色等进行设置。见图 4-11 至图 4-13。

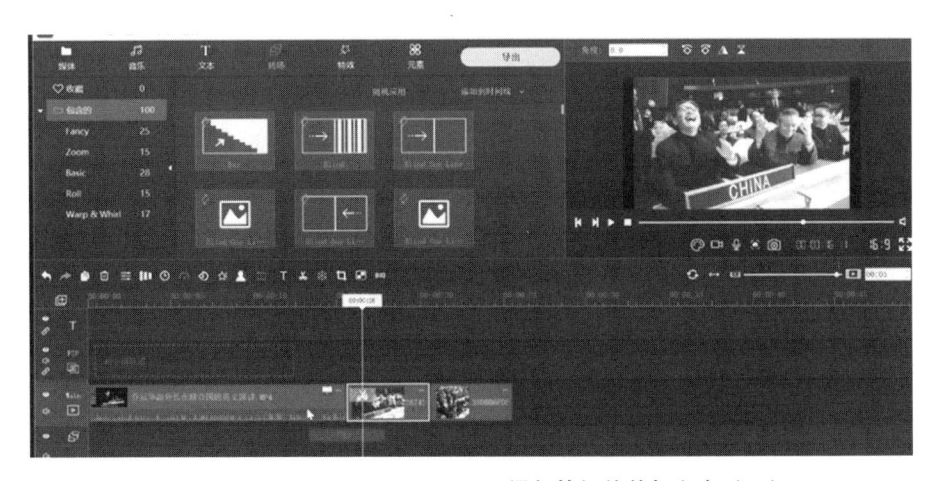

图 4-11　Windows Movie Maker 添加转场特效与文本（一）

图 4-12　Windows Movie Maker 添加转场特效与文本（二）

图 4-13　Windows Movie Maker 添加转场特效与文本（三）

4. 背景音乐设置

点击"音乐"，可以选择系统自带音乐模板，或点击"音乐"→"我的音乐"→"导入"导入本地音乐，背景音乐导入后，可以点击鼠标右键，选择"匹配视频长度"或"淡入"对音频进行淡入、淡出及音量设置。见图 4-14 至图 4-18。

图 4-14　Windows Movie Maker 背景音乐设置（一）

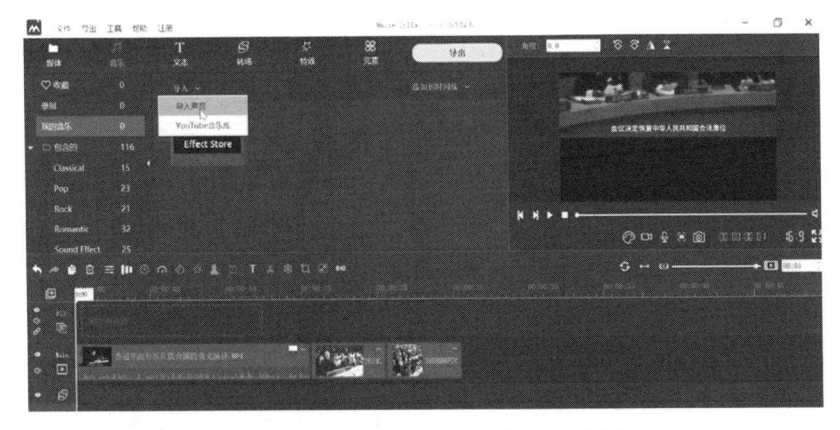

图 4-15　Windows Movie Maker 背景音乐设置（二）

图 4-16　Windows Movie Maker 背景音乐设置（三）

图 4-17　Windows Movie Maker 背景音乐设置（四）

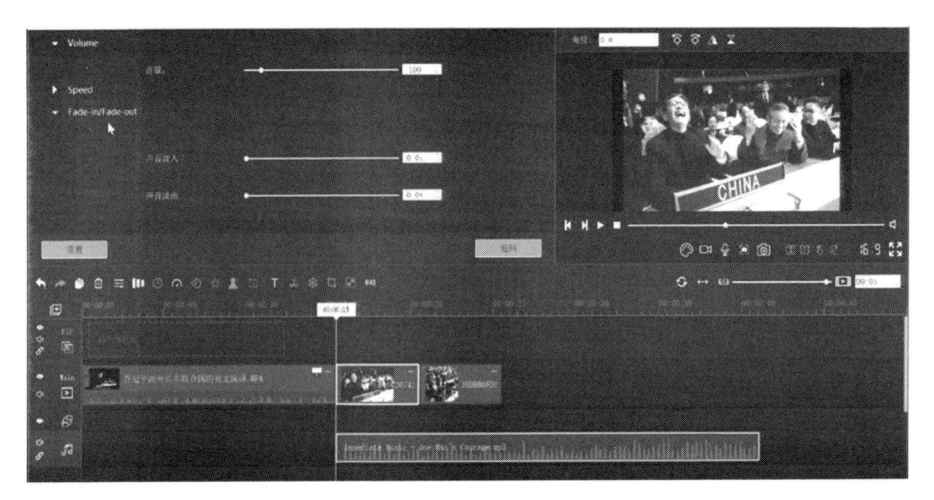

图 4-18　Windows Movie Maker 背景音乐设置（五）

5. 导出

点击"导出"，既可以根据格式将视频导出为 MP4、WMV、MOV 等格式，也可以根据设备导出，或可以将视频上传到相关网站上。见图 4-19 至图 4-21。

图 4-19　Windows Movie Maker 视频导出（一）

第四章　视频处理软件实训 | 103

图 4-20　Windows Movie Maker 视频导出（二）

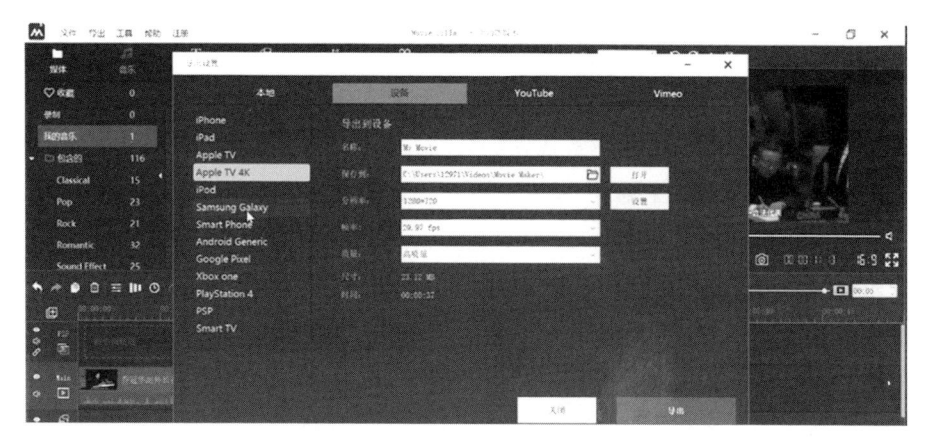

图 4-21　Windows Movie Maker 视频导出（三）

## （二）会声会影操作演示

在官网上将会声会影软件下载至电脑桌面后，桌面上会出现四个软件图标，其中，MultiCam Capture Lite 主要用于录屏；Learn Corel VideoStudio 是用于学习交流的网址；Corel FastFlick 2020 主要用于音乐视频的制作；最后一个图标是 Corel VideoStudio 2020，我们制作各种短视频、微电影主要是在该软件中操作。据此，这里我们主要展示 Corel FastFlick 2020 和 Corel VideoStudio 2020 这两部分。

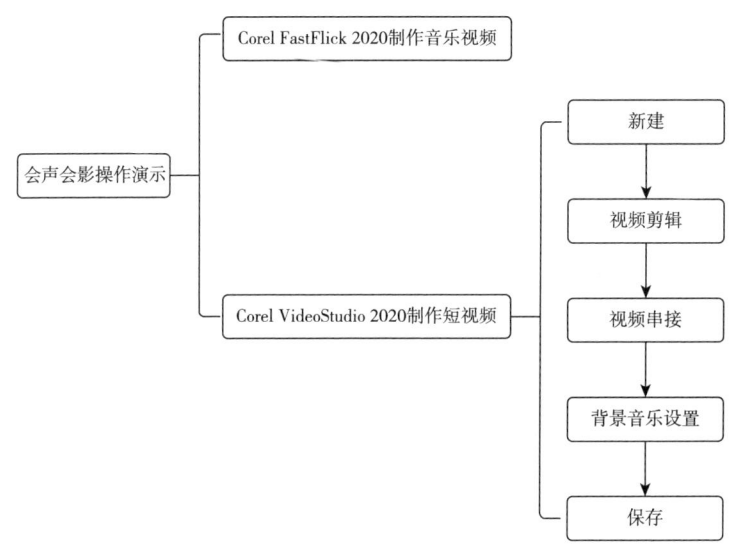

图 4-22　会声会影操作演示

1. Corel FastFlick 2020 制作音乐视频

首先，在右边的主题中选择一首背景音乐单击即可播放；其次，点击"添加媒体"，单击按钮添加图片或视频，然后点击播放，若观看已制成的音乐视频效果，点击"编辑音乐"→"音乐选项"，可将背景音乐换成自己喜欢的音乐或调节背景音乐音量，也可以点击"编辑标题"来改变视频中文字的字体、字号、颜色等，最后点击保存即可。见图 4-23 至图 4-25。

图 4-23　Corel FastFlick 2020 音乐视频制作（一）

图 4-24　Corel FastFlick 2020 音乐视频制作（二）

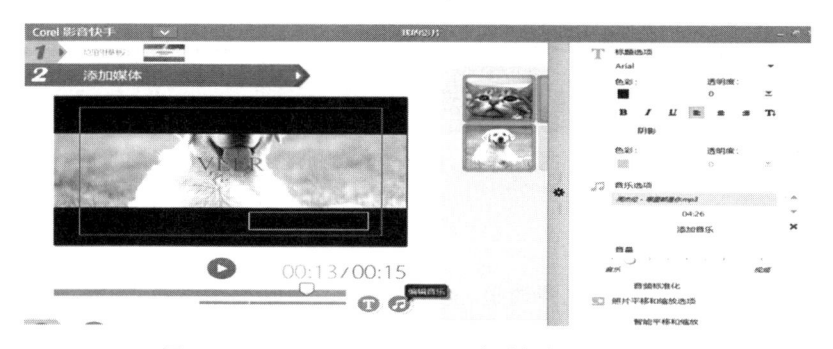

图 4-25　Corel FastFlick 2020 音乐视频制作（三）

2. Corel VideoStudio 2020 制作短视频

（1）新建

点击"新建项目"，然后点击"添加"→"导入媒体文件"，将制作短视频所需要的视频、音频、图片等素材导入。见图 4-26、图 4-27。

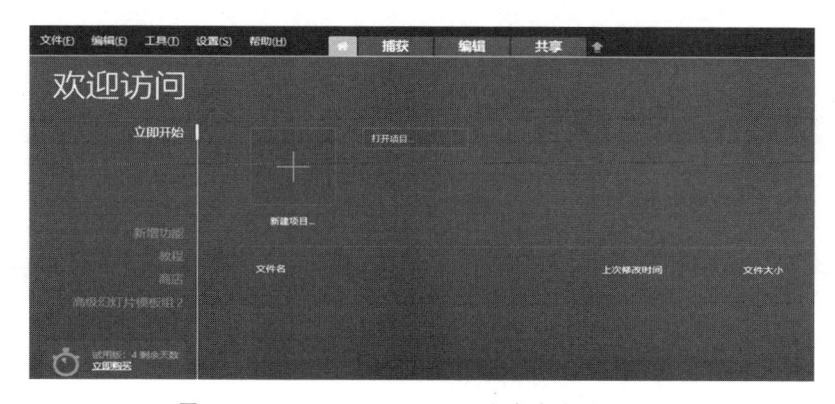

图 4-26　Corel FastFlick 2020 短视频制作（一）

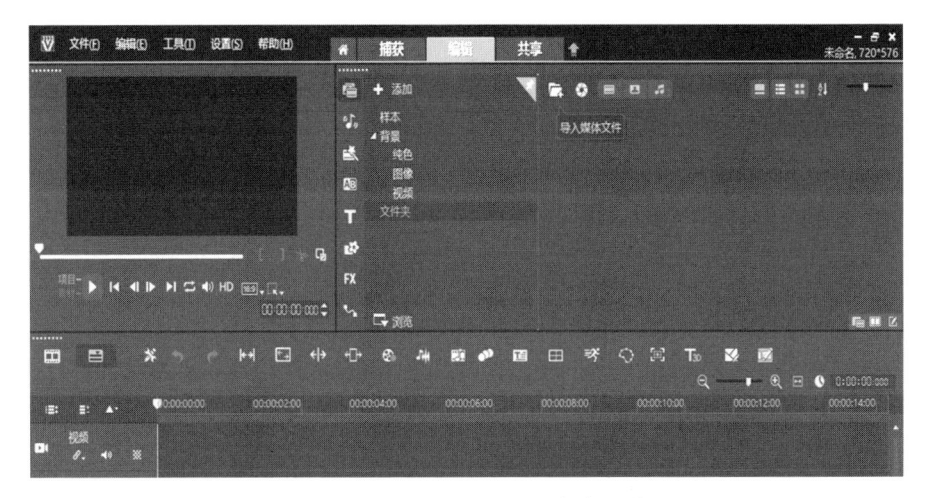

图 4-27　Corel FastFlick 2020 短视频制作（二）

（2）视频剪辑

将视频拖到下面的视频轨道，点击播放，播放视频时可点击"暂停"，然后点击"分割"，将视频裁剪成若干部分。见图 4-28。

图 4-28　Corel FastFlick 2020 视频剪辑

(3) 视频串接

同时将两个视频拖至视频轨道区，实现两个视频的串接，然后点击"转场"，选择其中一种动画效果，按住鼠标左键不动将其拖拽到两个视频中间，为两个视频串接添加转场效果，使其更为自然流畅。见图4-29、图4-30。

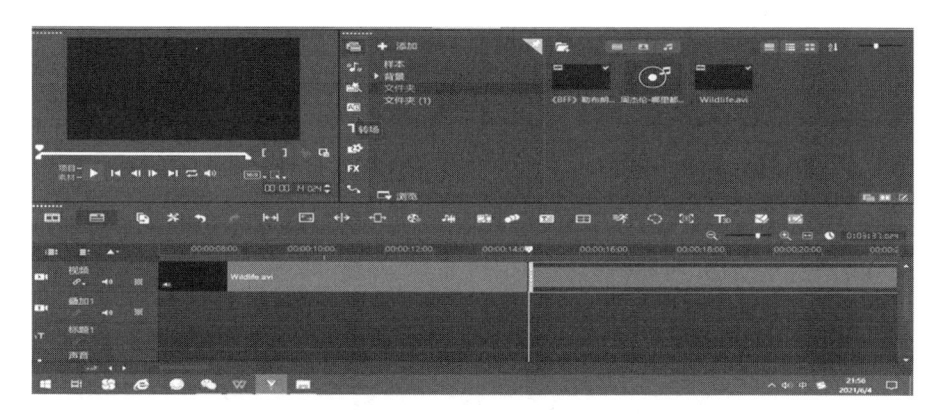

图4-29　Corel FastFlick 2020视频串接（一）

图4-30　Corel FastFlick 2020视频串接（二）

(4) 背景音乐设置

点击视频，点击鼠标右键，选择"音频"→"分离音频"，在声音轨道就会显示已经分离出来的音频，点击"Delete"键删除，便可将视频中原有的音频删除，然后将事先准备的背景音乐拖至声音轨道（也可以点击"音效"，在音效库中找音频素材），点击鼠标右键，设置音频的音量、淡出、淡入等效果。见图4-31、图4-32。

图 4-31 Corel FastFlick 背景音乐设置（一）

图 4-32 Corel FastFlick 背景音乐设置（二）

（5）保存

点击"共享"，将视频以 MP4、WMV、MOV 等格式保存，同时设置文件名、文件位置。见图 4-33。

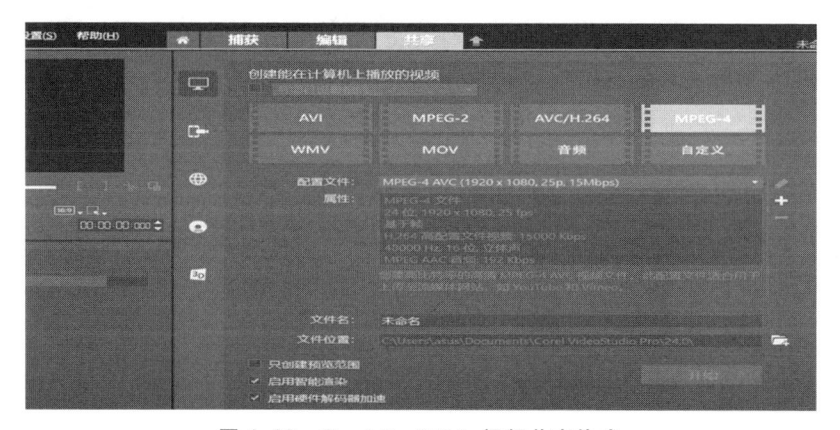

图 4-33 Corel FastFlick 视频共享格式

## （三）蜜蜂剪辑操作演示

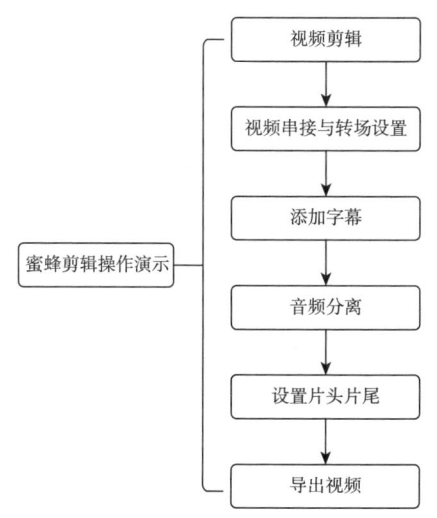

图 4-34 蜜蜂剪辑操作演示

### 1. 视频剪辑

点击"导入"→"导入文件"，导入需要操作的视频，再点击鼠标右键，点击"添加到轨道"，然后在播放区点击播放该视频，播放过程中，在需要剪辑的视频处点击"暂停"→"分割"，将视频分割成两部分，鼠标点击需要删除的那部分视频，点击"Delete"键，就实现了视频的简单剪辑功能。见图 4-35 至图 4-37。

图 4-35 蜜蜂视频剪辑（一）

图 4-36 蜜蜂视频剪辑（二）

图 4-37 蜜蜂视频剪辑（三）

2. 视频串接与转场设置

分别导入两个视频，将其添加至轨道，这样两个视频就可以串接起来。鼠标点击两个视频的串接处，点击"转场"，选择其中一种动画效果，点击右键选择"添加到轨道"，这样就可以为两个视频的串接处添加转场动画效果。见图 4-38。

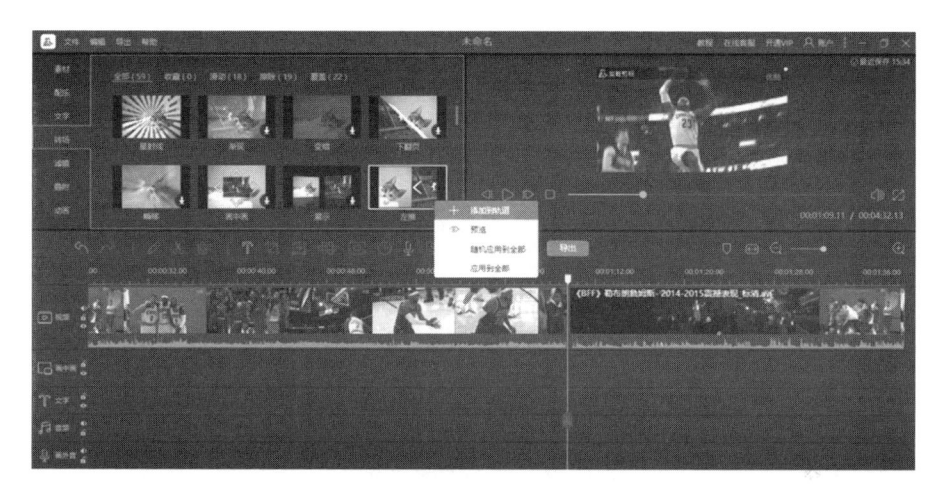

图 4-38 蜜蜂视频串接与转场设置

3. 添加字幕

点击"文字",选择其中一种文字效果,点击"添加到轨道",可以左右拉动调整字幕框出现的时间(假设将字幕框调节到与视频的长度一样,该字幕就会始终出现在视频播放过程中)。双击字幕框,可对字幕的字体、字号、内容、字间距等进行设置,设置完毕点击"确定"就可以在整个视频中添加字幕。同理,也可以依次点击"滤镜""动画"等,为整个视频添加效果。见图 4-39、图 4-40。

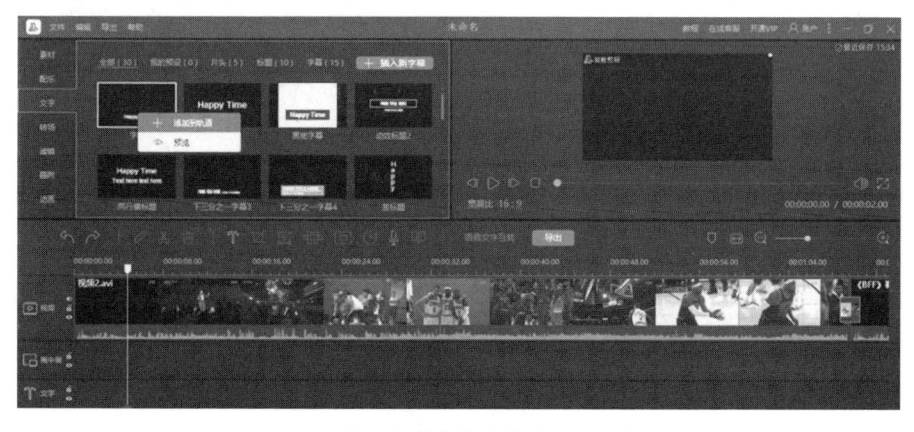

图 4-39 蜜蜂视频字幕添加(一)

图 4-40　蜜蜂视频字幕添加（二）

4. 音频分离

点击视频，点击鼠标右键，选择"音频分离"，在下面的音频轨道就会显示分离出来的音频，点击"Delete"键删除音频。然后点击"导入"，导入背景音乐，将其添加至轨道区，点击该音频，点击鼠标右键，点击"编辑"，设置背景音乐的"速度、音量、淡入、淡出"效果，设置完毕点击"确定"即可。见图 4-41 至图 4-45。

图 4-41　蜜蜂视频音频分离（一）

图 4-42　蜜蜂视频音频分离（二）

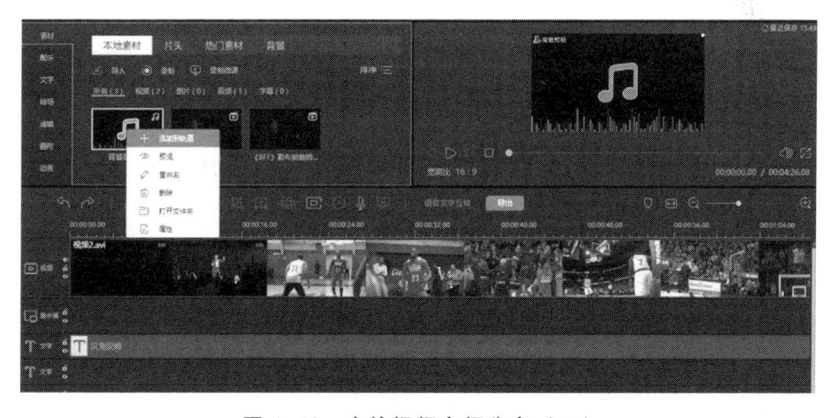

图 4-43　蜜蜂视频音频分离（三）

图 4-44　蜜蜂视频音频分离（四）

图 4-45　蜜蜂视频音频分离（五）

5. 设置片头片尾

点击"文字"→"片头",选择其中一种文字效果,点击"+"将其添加到轨道中,鼠标双击该文字,就可以对该文字的字体、字号、颜色、字间距等进行设置,然后点击"确定"完成视频的片头设置。同理,点击"文字",选择其中一种文字效果,点击"+"将其添加到轨道中,鼠标双击该文字,就可以对该文字的内容、字体、字号、颜色、字间距等进行设置和编辑,设置后点击"确定"即可,这样视频的片头、片尾就制作完毕。见图 4-46 至图 4-49。

图 4-46　蜜蜂视频片头设置（一）

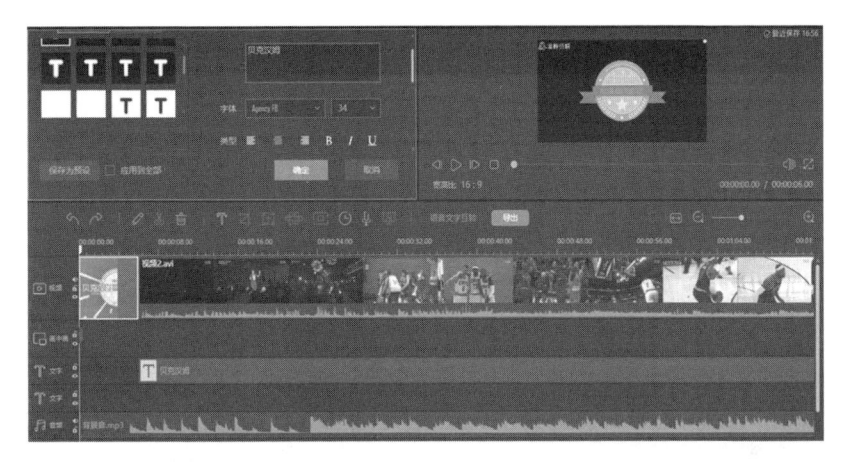

图 4-47 蜜蜂视频片头设置（二）

图 4-48 蜜蜂视频片尾设置（一）

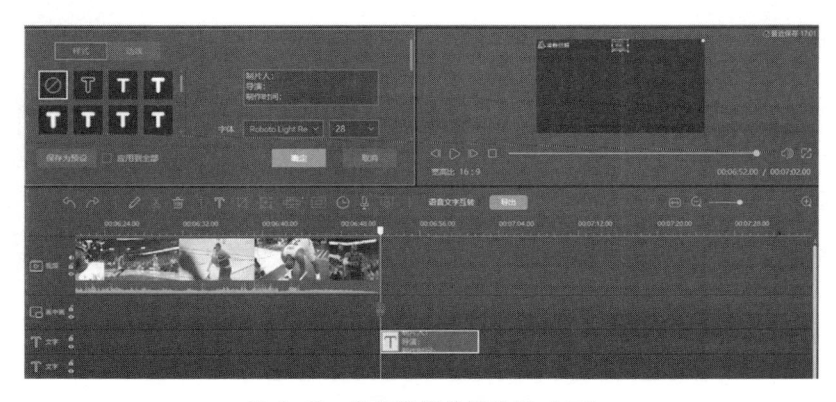

图 4-49 蜜蜂视频片尾设置（二）

## 6. 导出视频

点击"导出",选择导出为"视频",然后设置导出视频的名称、输出目录、格式及封面,设置完毕点击"导出"即可保存。见图4-50、图4-51。

图4-50 蜜蜂视频保存

图4-51 蜜蜂视频导出格式

## （四）爱剪辑操作演示

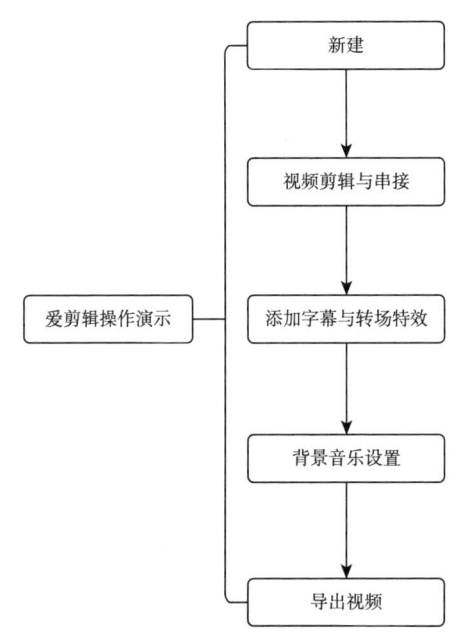

图 4-52　爱剪辑操作演示

### 1. 新建

打开爱剪辑，首先在弹窗中选择视频尺寸、视频保存位置、是否为视频自动加入随机转场效果，设置完后点击"确定"即可。见图 4-53。

图 4-53　爱剪辑"新建"对话框

## 2. 视频剪辑与串接

点击"添加视频"或鼠标双击"双击此处添加视频",导入需要操作的视频。点击播放,当视频播放到需要截取保存的部分时,点击"开始时间",剪辑完毕点击"结束时间",再点击"确定",这样视频中间部分就被截取保存出来。在右边的窗口点击播放,即可看到剪辑成功的视频,如需对视频进行更加准确精细的剪辑,在右边窗口播放过程中,点击"暂停",然后点击页面最下面中间的"✂"标志,在"已添加片段"栏目将多余部分删除即可。点击"添加视频",即可在第一个视频后面串接另一个视频(也可以用鼠标拖动第二个视频将其放到第一个视频前面)。见图4-54至图4-56。

图 4-54 爱剪辑视频剪辑与串接(一)

图 4-55 爱剪辑视频剪辑与串接(二)

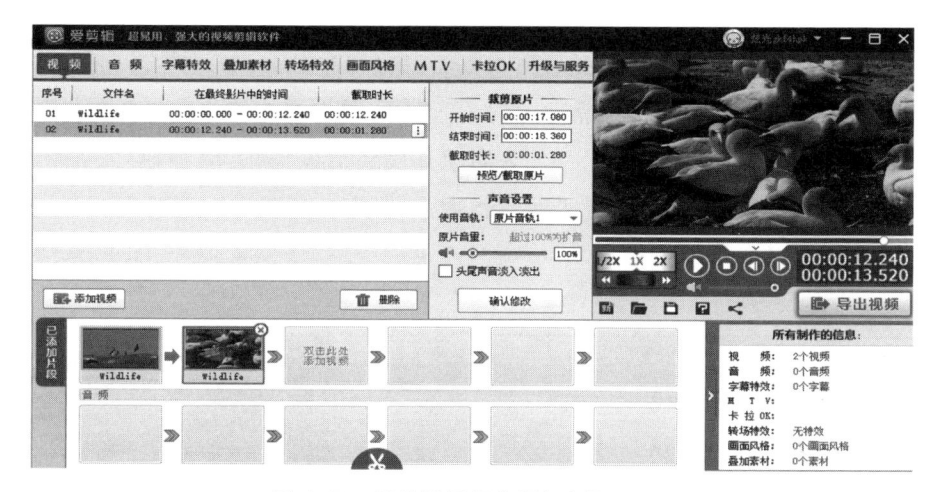

图 4-56　爱剪辑视频剪辑与串接（三）

3. 添加字幕与转场特效

去除字幕：

方法一：可点击"叠加素材"→"加相框"，选择其中一种相框效果，然后点击"添加相框效果"→"为当前片段添加相框"，最后点击"确认修改"即可对字幕进行遮挡。见图 4-57。

图 4-57　爱剪辑去除字幕方法一

方法二：点击"叠加素材"→"去水印"，然后点击"添加去水印区域"→"为当前片段去水印"，选取去水印的时间段与区域，最后点击"确认"即可对字幕进行遮挡。详见图4-58、图4-59。

方法三：点击"画面风格"→"画面"→"自由缩放（画面裁剪）"，然后点击"添加风格效果"→"为当前片段添加风格"，将缩放"-500"改成"30"左右，最后点击"确认修改"即可放大视频比例对字幕进行遮挡。见图4-60。

图4-58　爱剪辑去除字幕方法二（一）

图4-59　爱剪辑去除字幕方法二（二）

图 4-60　爱剪辑去除字幕方法三

添加字幕：点击"字幕特效"，双击视频中任意一处，就可以在该处添加字幕，可在对话框中对字幕的字号、颜色、出现特效、消失特效等进行设置。见图 4-61。

点击"转场特效"，选中任意一种特效（可设置转场特效时长），然后点击"应用/修改"即可在两个视频的转场处添加特效。见图 4-62。

图 4-61　爱剪辑"字幕特效"菜单

图 4-62　爱剪辑"转场特效"菜单

### 4. 背景音乐设置

先单击视频，点击"使用音轨"→"消除原片声音"→"确认修改"，就可以将视频原背景音乐删除。点击"音频"→"添加音频"，在弹窗中可以根据视频时长对背景音乐时长、开始播放时间等进行设置。见图 4-63 至图 4-65。

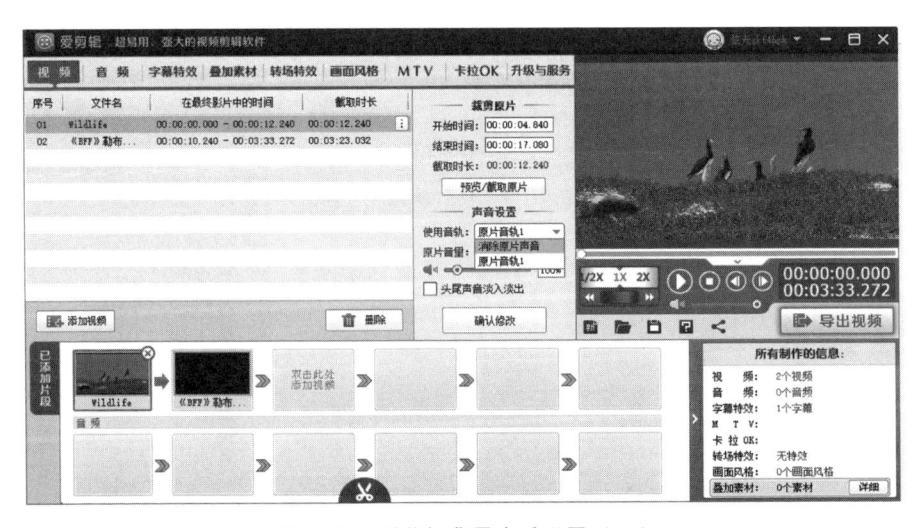

图 4-63　爱剪辑背景音乐设置（一）

图 4-64　爱剪辑背景音乐设置（二）

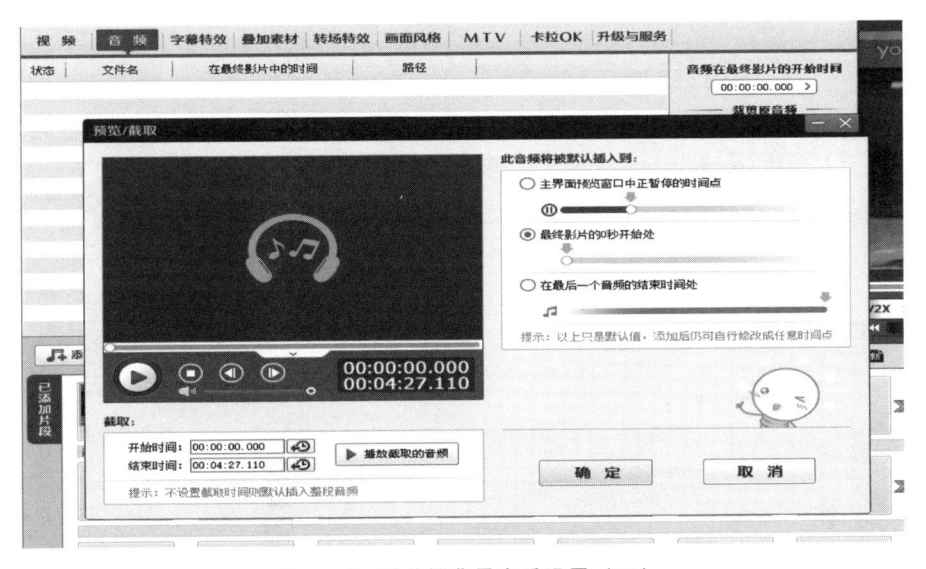

图 4-65　爱剪辑背景音乐设置（三）

5. 导出视频

点击"导出视频"，首先设置"片头特效"→"创作信息"，然后点击"下一步"设置版权信息，设置完后点击"下一步"，对视频的导出格式、导出尺寸、视频比特率、导出路径等进行设置，设置完毕点击"导出视频"即可。见图 4-66 至图 4-68。

图 4-66　爱剪辑视频导出（一）

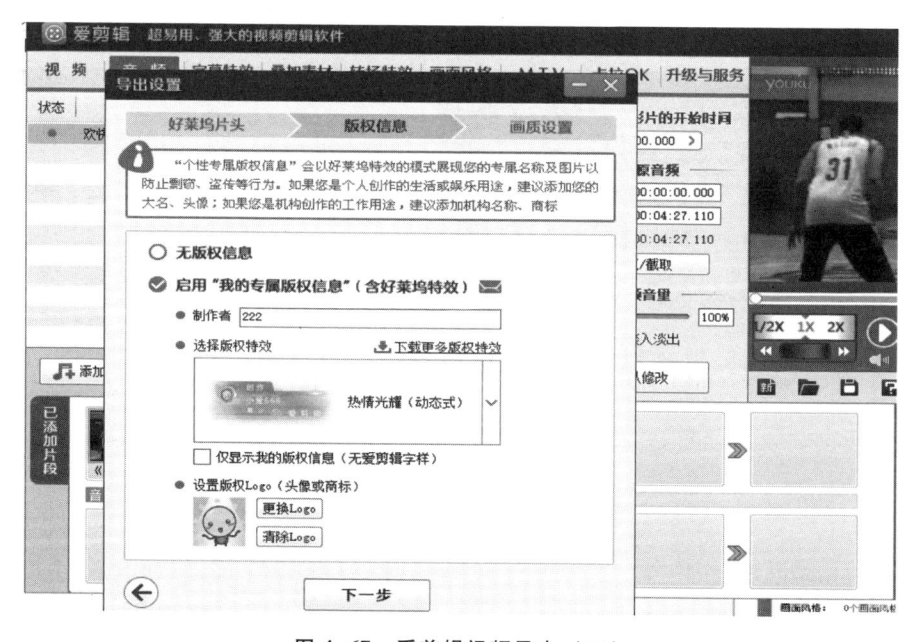

图 4-67　爱剪辑视频导出（二）

图 4-68　爱剪辑视频导出（三）

## （五）万彩动画大师操作演示

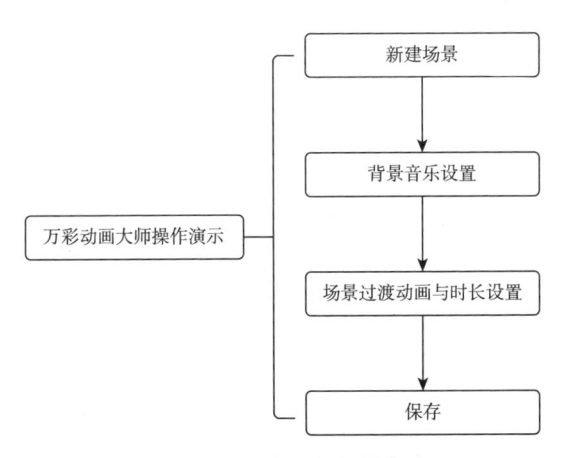

图 4-69　万彩动画大师操作演示

1. 新建场景

打开软件，点击"新建空白项目"或选择其中一种在线模板（这里我们选择"新建空白项目"）。点击"新建场景"（这里我们新建 3 个场景），选择"空白场景"或者一个系统自带场景。接下来依次为每个场景添加文字、图片等内容。可点击"图片"→"添加本地图片",然后对图片比例、边框大小及颜色、进场时间等进行设置。见图4-70至图4-73。

图 4-70　万彩动画大师新建场景(一)

图 4-71　万彩动画大师新建场景(二)

图 4-72　万彩动画大师新建场景(三)

图 4-73　万彩动画大师新建场景（四）

2. 背景音乐设置

点击"新建场景"按钮旁的音乐图标来添加背景音乐，在弹窗中选择音乐文件打开，点击"背景音乐高级选项"，可以对背景音乐开始时间、结束时间、淡出、淡入等进行设置。见图 4-74。

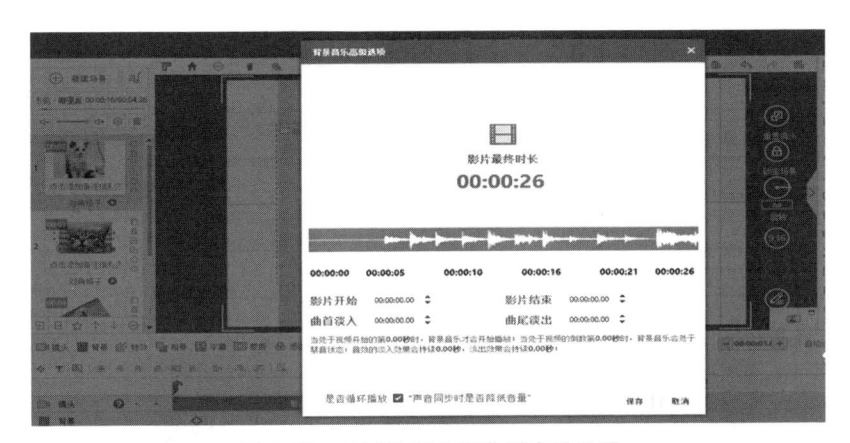

图 4-74　万彩动画大师背景音乐设置

3. 场景过渡动画与时长设置

点击场景之间的"+"选择过渡动画效果，在弹窗中选择一种动画效果，然后设置动画效果的时长、方向、声音等。见图 4-75、图 4-76。

点击"自适应"左边的"+""-"按钮，可以调节当前场景的时长（每个场景播放时长），见图 4-77。

图 4-75　万彩动画大师场景过渡动画设置（一）

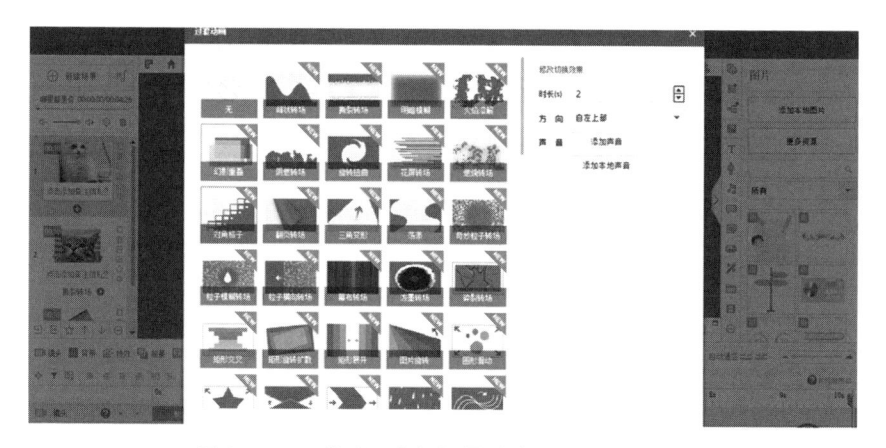

图 4-76　万彩动画大师场景过渡动画设置（二）

图 4-77　万彩动画大师场景动画时长设置

4. 保存

点击"全屏预览",预览已经生成的视频动画效果,然后点击"保存"即可。见图 4-78。

图 4-78 万彩动画大师视频保存

## 三 关联知识

### (一) 概念

Windows Movie Maker 功能比较简单,可以组合镜头、声音,加入镜头切换的特效,只要将镜头片段拖入就行,适合家用摄像后的一些小规模的处理。可以简单明了地将一堆家庭视频和照片转变为感人的家庭电影、音频剪辑或商业广告。剪裁视频,添加配乐和一些照片,然后只需要单击一下就可以添加主题,从而为个人电影添加匹配的过渡和片头。

会声会影是加拿大 Corel 公司设计的一款功能强大的视频编辑软件,具有图像抓取和编修功能,可以抓取和转换 MV、DV、V8、TV,以及实时记录抓取画面文件,并提供 100 多种编制功能与效果,可导出多种常见的视频格式,甚至可以直接制作成 DVD 和 VCD 光盘。会声会影编辑模式从捕获、剪接、转场、特效、覆叠、字幕、配乐到刻录,全方位剪辑出好莱坞级别的家庭电影。它完整支持成批转换功能与捕获格式,让剪辑影片更快、更有效率。

蜜蜂剪辑是由深圳市网旭科技有限公司开发的一款操作简单、功能专业的全平台视频剪辑软件，可快速裁剪、分割、合并视频，给视频加字幕、去水印、添加背景音乐、视频调色、添加倒放效果、视频配音、语音和字幕互转、绿幕抠图以及制作画中画视频等，可在 Windows、Mac、iOS 和 Android 上尽享流畅剪辑体验，满足不同人群的剪辑需求。

爱剪辑是一款剪辑软件，以更适合国内用户的使用习惯与功能需求为出发点进行全新创新设计，具备速度快、画质好、稳定性高、转场特效多等特点。

万彩动画大师是一款电脑端的动画制作软件，用户可以添加文字、图片、视频、SWF、声音文件等，最终制作成动画视频效果，适用于制作企业宣传动画、动画广告、营销动画、多媒体课件、微课等。

### （二）优劣比较

Windows Movie Maker、会声会影、蜜蜂剪辑、爱剪辑、万彩动画大师优劣比较见表 4-1。

表 4-1　Windows Movie Maker、会声会影、蜜蜂剪辑、爱剪辑、万彩动画大师优劣比较

| 对比内容 | Windows Movie Maker | 会声会影 | 蜜蜂剪辑 | 爱剪辑 | 万彩动画大师 |
| --- | --- | --- | --- | --- | --- |
| 便捷性/专业性 | 简单、易上手操作，适合初学者制作视频 | 专业性较强，到目前为止还有很多网站专门做会声会影的特效模板，可以满足不同类型用户的多种需求 | 操作简单，入门零门槛。处理对象包括照片、文字、音频、视频等。无文件大小限制，支持提取视频音乐、音频基础剪辑、降噪等众多功能 | 简单、易上手操作，界面清晰明了，用户上手快，可以制作出较为专业的视频文件 | 操作较为简单，用户只需要稍微学习一下便可以上手，但制作出来的视频专业度一般 |
| 内存占用 | 4.94MB | 5.1GB | 180MB | 656MB | 175.6MB |
| 是否收费 | 免费 | 收费（有 30 天的免费试用期） | 免费 | 免费 | 免费 |
| 学习成本 | 较低 | 较高 | 较低 | 较低 | 较低 |

续表

| 对比内容 | Windows Movie Maker | 会声会影 | 蜜蜂剪辑 | 爱剪辑 | 万彩动画大师 |
|---|---|---|---|---|---|
| 用户体验 | 界面简单明了，操作简单，很适合新手使用，但只能制作一些简单的短视频或微电影，仅支持基本的视频操作功能 | 会声会影是一款收费、占用内存大的软件，软件学习成本较高。但是功能多样，操作简单，可以满足一般用户和专业用户的多种需求，制作出来的视频效果较好，专业度也较高 | 非常实用的一款音视频剪辑软件，界面清晰明了，常规的剪辑功能可以立刻找到，使用起来非常方便，可以对音视频加入淡出、淡入等效果，使得音视频串接非常自然，还支持转场特效、画中画等多种功能，是一款非常实用、便捷的软件 | 用户满意度较高，是一款较为实用的视频处理软件，在视频导出时，可以对视频片头特效、片名、制作者等进行设置，这不失为一个亮点 | 软件中包括大量模板、动画特效和场景过渡效果等，可以制作出令人耳目一新的动画效果，侧重于视频动画、特效等的设置，制作出来的视频比较适合日常短视频、宣传动画、动画广告等 |

### （三）下载路径

Windows Movie Maker：http：//www.ddooo.com/softdown/192281.htm。

会声会影：https：//www.huishenghuiying.com.cn/。

蜜蜂剪辑：https：//software.airmore.cn/beecut-editor？Apptype=aps-360。

爱剪辑：http：//www.ijianji.com/。

万彩动画大师：http：//www.animiz.cn/download/。

### （四）参考资源

1. 教程

（1）课外视频链接

蜜蜂剪辑：

https：//www.bilibili.com/video/BV1TE411r7Xe？from = search&seid = 10315594366948993041&spm_id_from=333.337.0.0。

https：//www.bilibili.com/video/BV1ut411S7Ek？from = search&seid = 10315594366948993041&spm_id_from=333.337.0.0。

会声会影：

https：//www.bilibili.com/video/BV19s411S7Qd? from = search&seid = 13283043715336106576&spm_id_from = 333.337.0.0。

爱剪辑：

https：//www.bilibili.com/video/BV1kt411q7Ss? from = search&seid = 3062248380160360494&spm_id_from = 333.337.0.0。

万彩动画大师：

https：//www.bilibili.com/video/BV1eJ411t7H9? from = search&seid = 16956805010810930050&spm_id_from = 333.337.0.0。

（2）课内操作演示

2. 案例

（1）在2021年中国共产党建党百年之际，中央档案馆联合中央人民广播电视总台新闻新媒体中心，隆重推出百集微纪录片《红色档案——走进中央档案馆》，精选中央档案馆大量馆藏珍贵档案，生动讲述档案背后的人物和故事，从多个角度呈现中国共产党人始终秉承的初心和使命。https：//www.saac.gov.cn/daj/hongsedangan/hsda.shtml。

（2）山东省档案馆以《中华人民共和国档案法》为蓝本，以轻松活泼的MG动画为主要表现形式，制作一系列的档案普法动画。http：//dag.shandong.gov.cn/articles/ch00280/201911/109bece2-ddc6-4df9-a517-c12da05e5dcb.shtml。

（3）青岛市档案馆拍摄的《寻找逝去的记忆》，是国内首个以档案为题材拍摄的微电影，也是全国档案系统中的首部微电影。http：//www.qdda.gov.cn/qddaxxw/qddaxxw/qdlswh/wsyst/wdy/2014/06/09/40281186753b7a440175441521a9310c.html。

## （五） 课后思考题

1. 常见的数字视频资源格式包括哪些？
2. 请列举影视类的档案信息资源开发实例。
3. 目前档案界抖音短视频公众号运营状况如何？
4. 如何用视频处理软件创新档案信息资源开发利用方式？
5. 除上述视频处理软件外，还有什么视频软件适用于档案信息资源开发利用？

## 四 案例鉴赏

（一） 微电影制作案例
（二） 短视频制作案例
（三） 宣传片制作案例

# 第五章　网页设计软件实训

## 一　互动课堂

### （一）专题档案网站制作

随着各行各业的快速发展，档案信息规模日益扩大，档案业务量也迅速增加，无论是档案的内容还是档案的应用与以往相比都更加复杂和多元。而档案管理自身的建设与发展很难满足时代的需求。因此，档案信息化、网络化建设对摆脱目前的困境就显得异常重要。档案网站建设是档案信息化建设最主要的部分，它是档案部门在互联网上建立的站点，以主页的方式提供相关信息和相关服务，构成公共信息网络的一个节点。档案网站所承担的任务主要包括两个部分，一个是为档案宣传提供新的渠道，另一新的方式是为档案信息提供服务。[①] 档案网站以丰富的档案信息资源，逐渐引起国内外社会各界越来越多的关注。不仅档案界的学者，以及与档案相关的人员，还包括众多对档案感兴趣的普通大众，他们希望通过档案网站这个平台，了解更多的档案相关知识，获得更多有价值的档案信息资源。图5-1至图5-4显示了几家中英美档案网站的主页，通过对档案网站的浏览与调研，各国档案网站建设有哪些鲜明的特征？通过分析对比，发达国家档案网站资源建设有哪些经验值得我们借鉴与学习呢？

---

① 马楠：《档案网站建设中的问题与对策》，《信息通信》2017年第11期，第285~286页；
周莉：《我国档案网站建设的问题与对策研究》，硕士学位论文，安徽大学，2010。

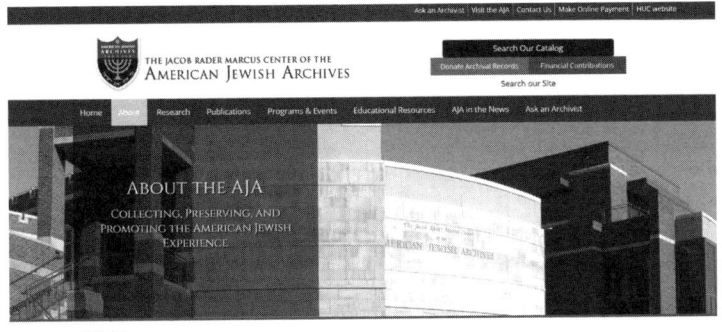

图 5-1　美国犹太人档案馆

图 5-2　英国国家档案馆

图 5-3　中华人民共和国国家档案局

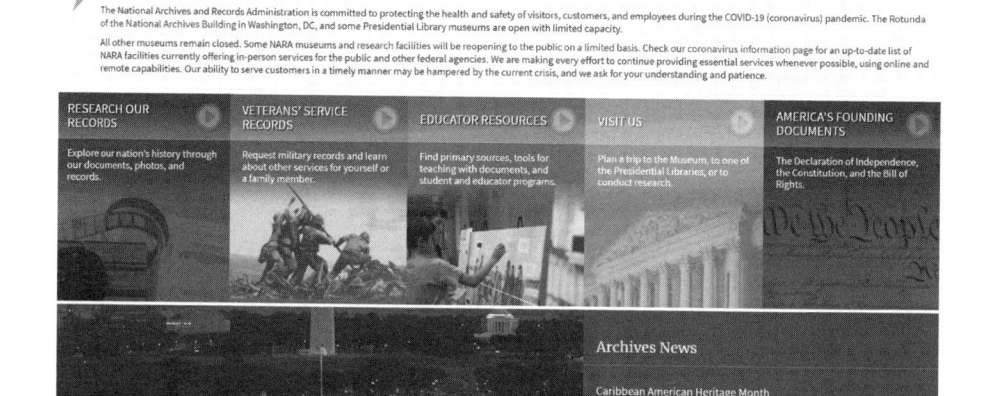

图 5-4　美国国家档案馆

### （二）个人网站制作

随着网络技术的不断发展，网络应用已经渗透到人类社会的各个角落。互联网以其平等、共享等特点使越来越多的民间声音参与到构建主流话语的行动中来。作为网络世界支撑点的网站，更是人们关注的焦点。越来越多的人希望拥有个人网站，开辟网络世界的天地。

个人网站是自我推广的新型方式，它在内容上主要涉及与个人相关联的信息。个人网站是集文章、相册、通讯录、博客、留言板、链接等诸多功能于一体的网络平台，而这些内容都由无数个网页组成。它不需要高深的技术，却可以帮助个人实现全面信息化，以多种形式达到对信息获取、组织、思考、表达、共享和交流的目的。它自由、开放并且容易操作，能够通过个性化网络平台，最大化地表达个人思想，展现自我风采。①

你接触过或了解过个人网站吗？你会在日常生活中建立自己的个人网站吗？下面我们就以两位网友制作的个人网站为例（见图 5-5、图 5-6），带你走进他们的互联网世界，让你对个人网站有一个新的认识。

---

① 赵燕萍：《论个人网站的建设与应用》，《科学之友》2011 年第 1 期，第 151~152 页。

第五章　网页设计软件实训 | 137

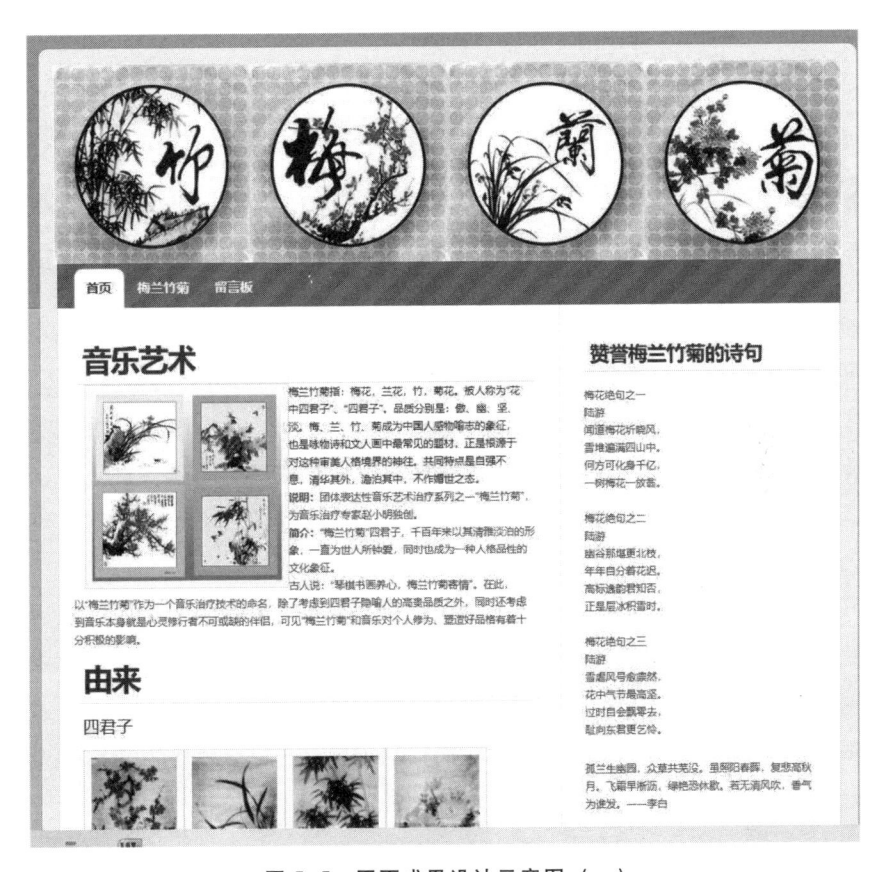

图 5-5　网页成果设计示意图（一）

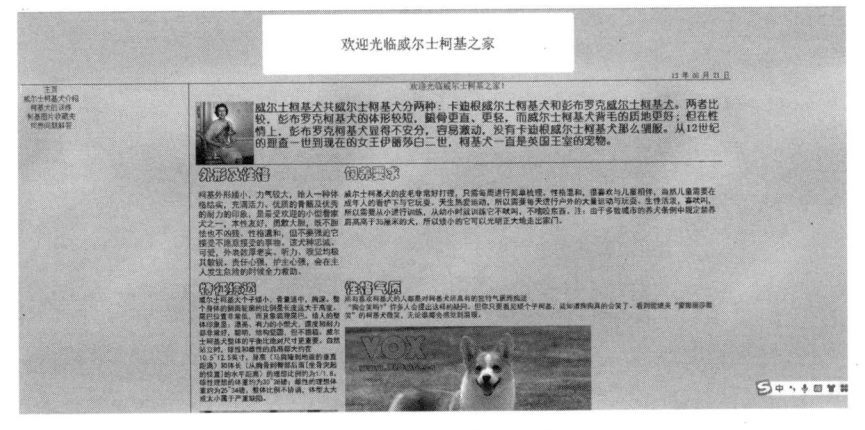

图 5-6　网页成果设计示意图（二）

### (三) 档案编研成果或数据库网站制作

档案编研是指档案部门在确保馆（室）藏档案文件满足社会需求的基础上，研究档案内容和社会需求，根据社会现实需求利用档案信息编写相应参考资料，进行档案汇编，编史修志，撰写论文、专著等。随着信息技术的发展应用，传统档案编研工作效率低、周期长、编研成果形式单一等弱点，可以通过计算机技术、网络技术的应用有效消除，档案部门档案网站的建设，使得依托档案网站开展档案编研工作成为现实。传统的档案编研工作主要依托本馆的档案资源进行编写，基于档案网站的档案编研工作，意味着档案编研工作从选题、信息搜集、筛选、加工、编排直到编研成果的传播、利用信息反馈的全流程都可以依托档案网站顺畅高效地完成。可以运用档案网站这个信息平台，广泛地搜集想要编研的资料，同时，也可以到各大网站去搜集编纂素材。[①]

长期以来，人们获取档案编研成果的途径主要有来馆借阅档案或者阅读关于档案编研成果的图书。然而，随着各国档案网站的建立（如图 5-7 至图 5-9 所示），利用档案网站公布、传播编研成果业已成为常态，这在某种程度上克服了传统编研成果利用范围狭窄、缺乏灵活性、利用率低的局限。

图 5-7　中国第一历史档案馆

---

[①] 曲菁菁：《基于档案网站的档案编研工作研究》，硕士学位论文，黑龙江大学，2015。

图 5-8　中国第二历史档案馆

图 5-9　美国国家档案馆

## 二　实景课堂练习

通过以上三种场景的介绍，我们不难发现，信息技术的快速发展在某种程度上扩大了计算机技术对日常生活的影响，尤其是前文提及的个人网站。在今后的生活、学习与工作中，我们不可避免地要参与或从事档案网站的创建、管理与维护工作，因此在丰富专业知识的基础上，提前了解档案网站资源建设的基本知识，是本章学习的目标所在。在创建任何 Web 站点之前，我们应该设计和规划网站的结构，并策划好要创建多少个网页、在每个网页上显示什么内容、网页布局以及网页如何跳转和链接。下面就以 Dreamweaver、Frontpage 为例，实景演练如何进行网站制作。

### （一）Dreamweaver 操作演示

**图 5-10　网页设计软件操作演示**

1. 创建站点

站点是 Web 中所有文件和资源的集合，指属于某个 Web 站点的文档的本地（计算机）或者远程存储（服务器）的位置。主要用于存放用户制作的网页、各类素材（含图片、Flash 动画、视频、音频、数据库文件等）。Dreamweaver 创建站点的具体方法如下：在菜单导航上选择"站点"，然后在弹出的菜单上选择"新建站点"。弹出站点设置对象对话框，在"站点名称"处输入站点名称，然后选择本地站点文件保存路径。见图 5-11。

2. 添加文件或文件夹

制作网站时，既需要各类网页文件，也需要各类素材文件的索引。通过 Dreamweaver，可以更好地创建、删除、复制、移动和管理这些文件及文件夹。

在 Dreamweaver 工作界面中，选择"文件"，点击"新建"，在弹出的二级菜单中选择"html"，输入任意标题（如 DW 新建站点）。见图 5-12、图 5-13。

图 5-11　Dreamweaver 站点创建

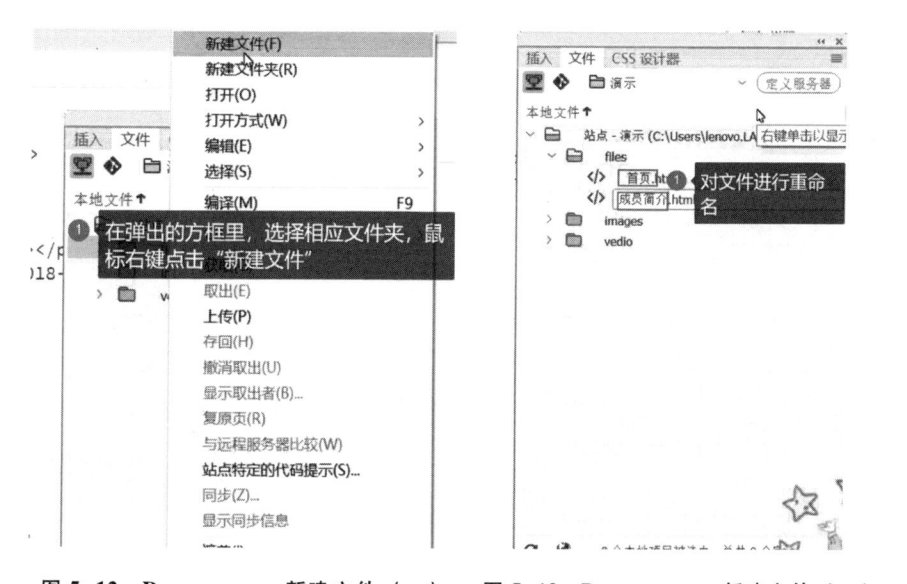

图 5-12　Dreamweaver 新建文件（一）　　图 5-13　Dreamweaver 新建文件（二）

### 3. 插入表格

在 Dreamweaver 工作界面，选择"插入"，点击"表格"；或在浮动面板工具界面单击"插入"→"Table"按钮。见图 5-14。

图 5-14　Dreamweaver 表格插入

### 4. 插入图片

在 Dreamweaver 浮动面板工具界面，单击"插入"→"image"按钮，接着在弹出的放置窗口，选择"嵌套"（或通过菜单栏"插入"进行相关操作）。见图 5-15。

图 5-15　Dreamweaver 图片插入

### 5. 调整图片大小

在"拆分"窗口下，找到图片相对应的代码区域，调整图片宽度（width）、高度（height）的数字大小即可实现图片的缩放。见图 5-16。

图 5-16　Dreamweaver 图片大小调整

### 6. 插入超链接

在 Dreamweaver 浮动面板工具界面，点击"插入"→"Hyperlink"按钮创建超链接；或在 Dreamweaver 菜单栏，选择"窗口"，点击"属性"。见图 5-17。

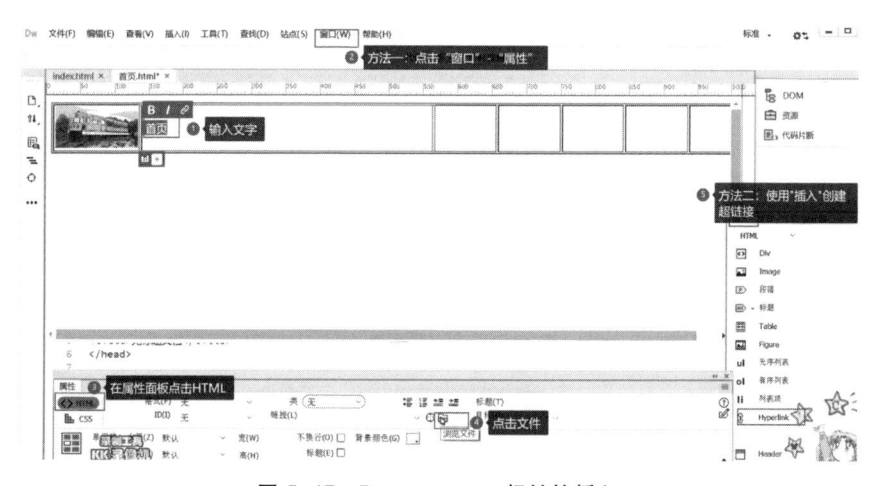

图 5-17　Dreamweaver 超链接插入

### 7. 插入背景图片

在 Dreamweaver 浮动面板工具界面，点击"插入"→"Table"按钮，在弹出来的表格界面，根据需要合理设置表格的行列数，点击确定即可。见图 5-18。

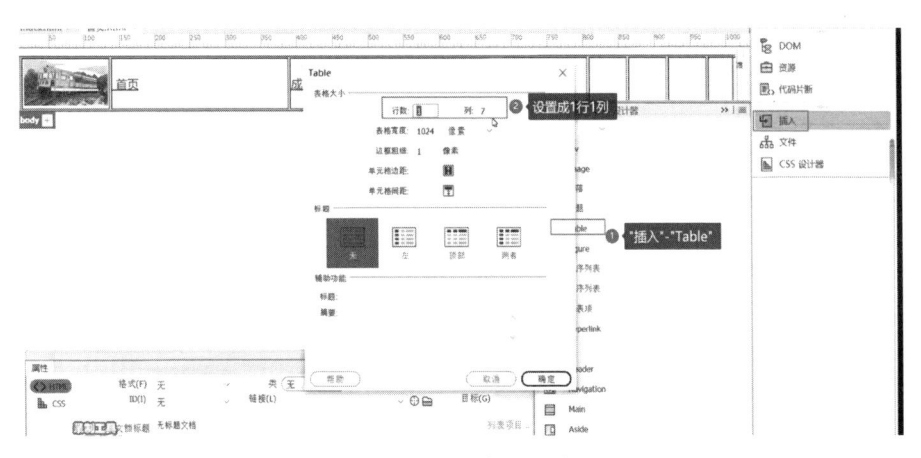

图 5-18　Dreamweaver 背景图片插入（一）

如果插入的表格出现在其他表格前面，则需找出新插入表格的代码，剪切后粘贴到其他表格的后面。见图 5-19 至图 5-21。

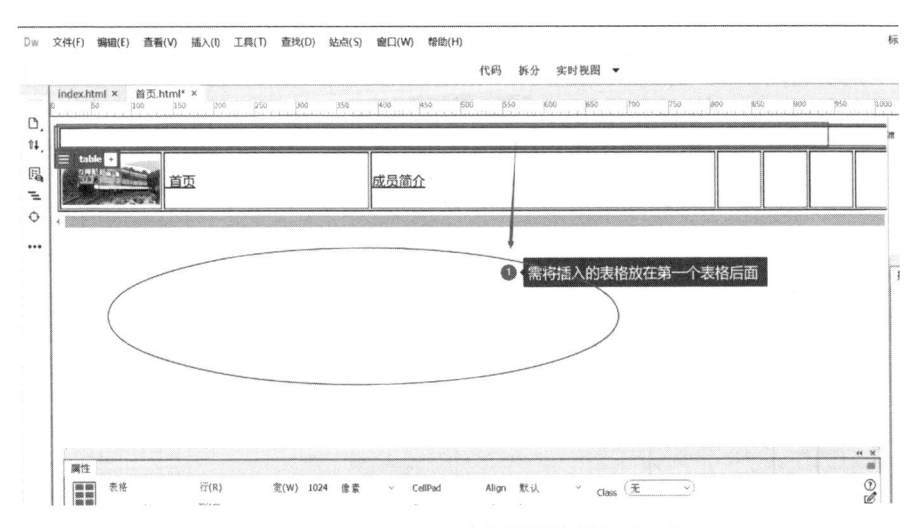

图 5-19　Dreamweaver 背景图片插入（二）

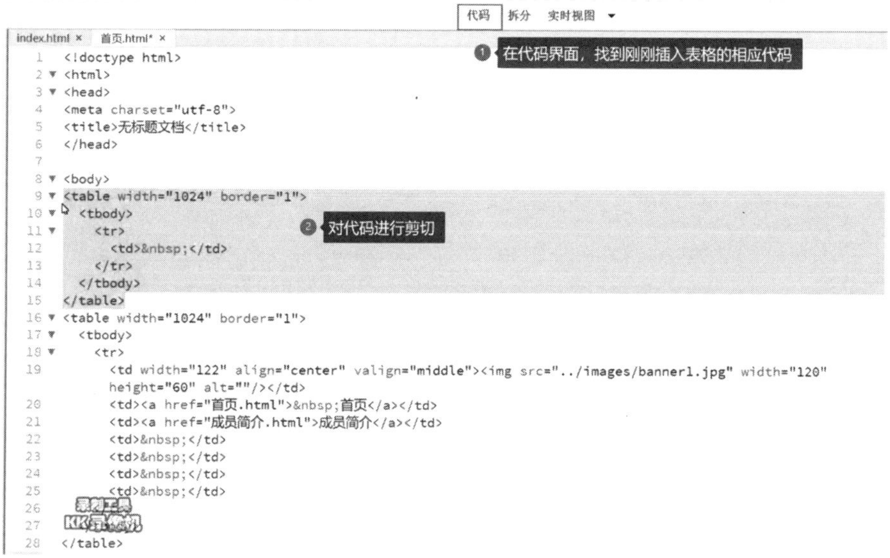

图 5-20　Dreamweaver 背景图片插入（三）

图 5-21　Dreamweaver 背景图片插入（四）

接着重复插入图片的操作即可实现背景图片的插入。见图 5-22、图 5-23。

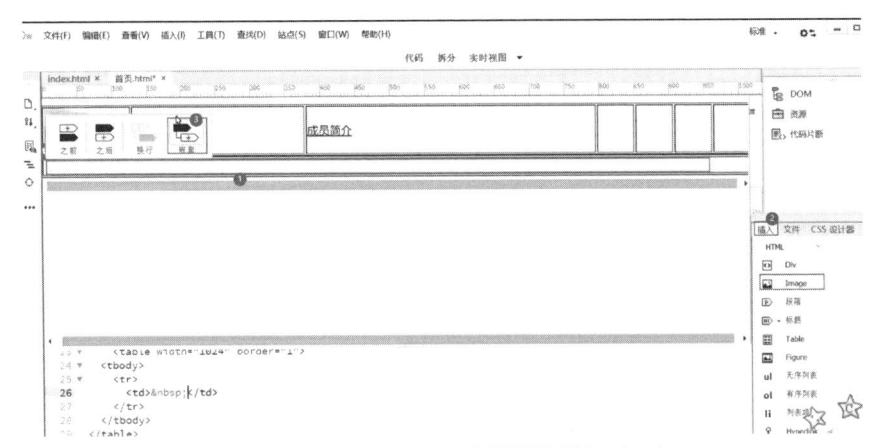

图 5-22　Dreamweaver 背景图片插入（五）

图 5-23　Dreamweaver 背景图片插入（六）

8. 尾部链接

在 Dreamweaver 浮动面板工具界面，点击"插入"→"Table"按钮，在弹出来的表格界面，根据需要合理设置表格的行列数，点击确定即可。见图 5-24、图 5-25。

将光标放在要链接的表格里，先找到链接的网址，然后在浮动面板界面单击"Hyperlink"，最后在弹出的界面输入链接的文本名和网址。见图 5-26。

图 5-24 Dreamweaver 尾部链接（一）

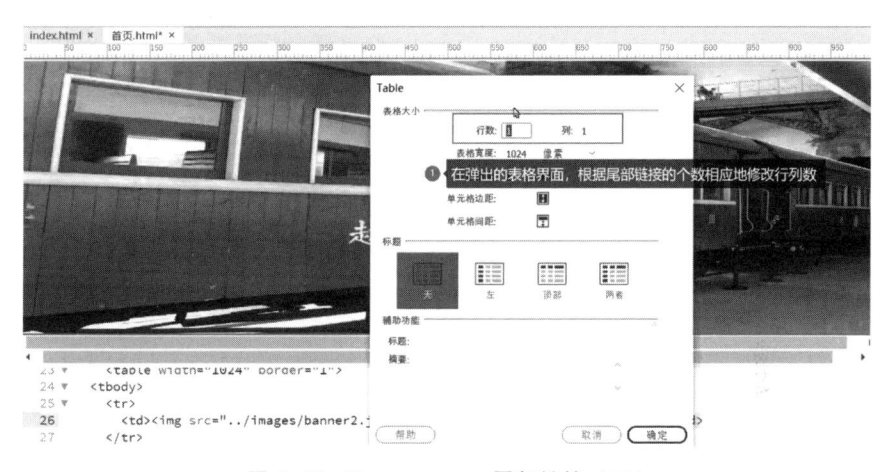

图 5-25 Dreamweaver 尾部链接（二）

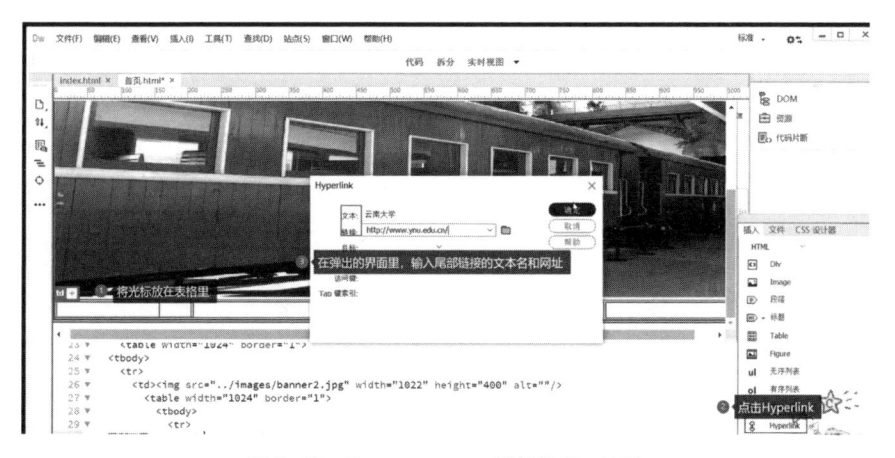

图 5-26 Dreamweaver 尾部链接（三）

## （二）Frontpage 操作演示

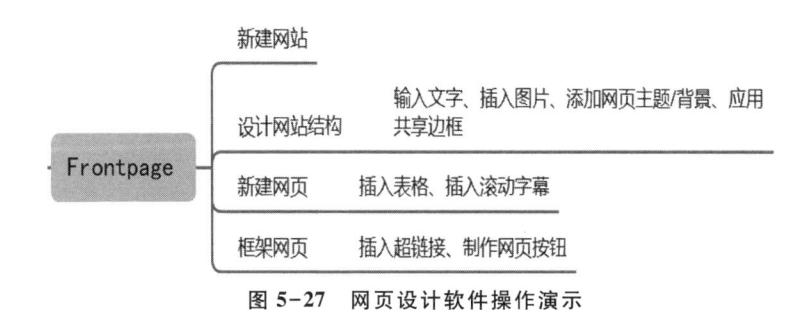

图 5-27　网页设计软件操作演示

### 1. 新建网站

点击"文件"菜单栏，选择"新建"选项，在新建网站里选择"其他网站模板"选项，在弹出的网站模板里选择"空白网站"，最后点击确定。见图 5-28。

图 5-28　Frontpage 新建网站演示

### 2. 设计网站结构

在"导航"窗口下，鼠标右键点击"新建"，选择"网页"选项。见图 5-29。

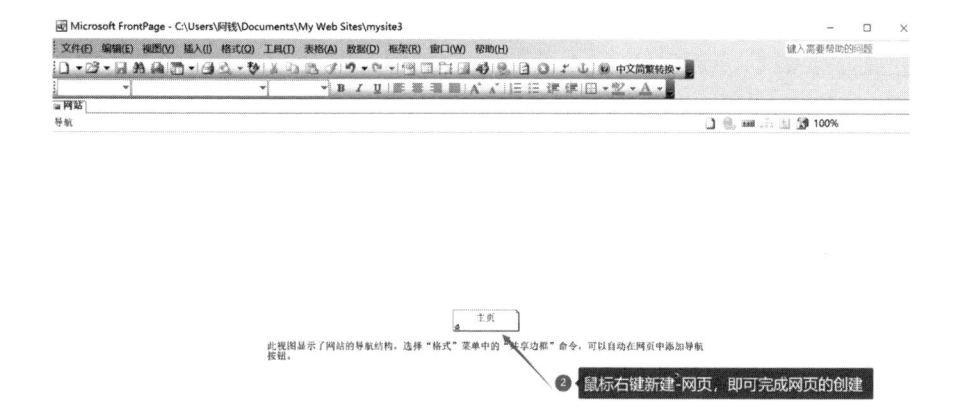

图 5-29　Frontpage 网站结构设计演示（一）

将光标放在"主页"上，鼠标右键选择"重新命名"，将"主页"二字更改为"云梦遗轨"。接着将光标放在"云梦遗轨"上，鼠标右键点击"新建"，选择"网页"，重复几次操作，并对新建网页进行上述重命名操作。见图 5-30。

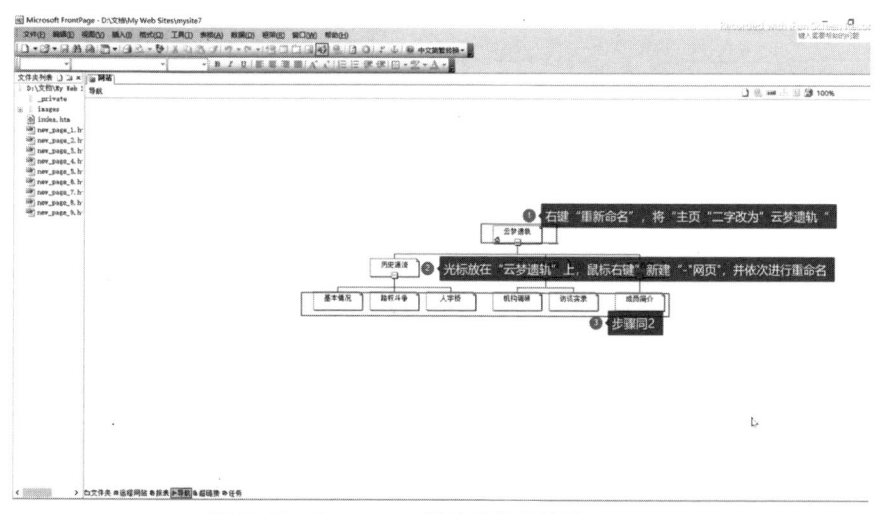

图 5-30　Frontpage 网站结构设计演示（二）

（输入文字）在上一步骤界面里或左侧导航窗格里，单击任一网页名（此处以首页"云梦遗轨"为例），进入空白网页，接着复制粘贴文字内容，并对这些内容进行字体格式调整。见图5-31。

图 5-31　Frontpage 网站结构设计演示（三）

（插入图片）将光标放在插入图片的位置，点击菜单栏中的"插入"，选择"图片"，并导入电脑里提前预存的图片。见图5-32。

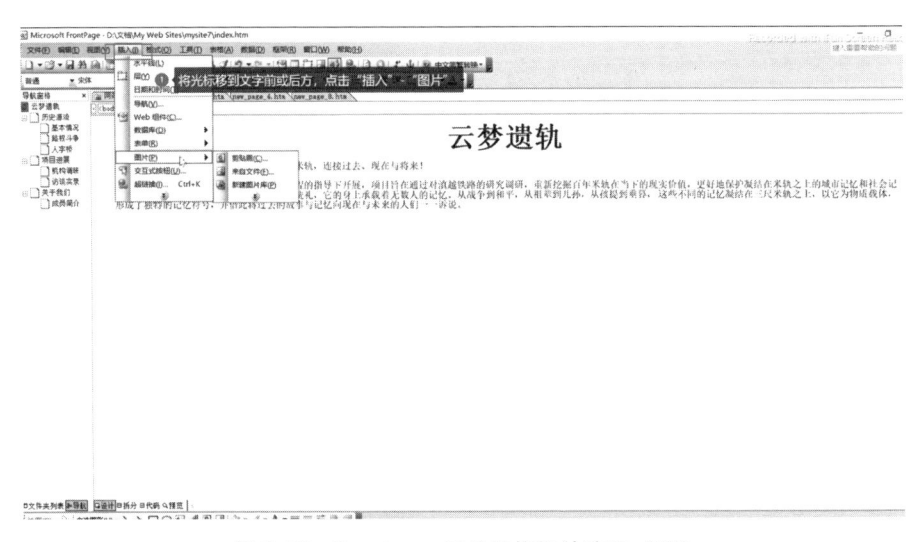

图 5-32　Frontpage 网站结构设计演示（四）

(添加网页主题/背景）点击菜单栏中的"格式"，选择"主题"，右侧弹出主题对话框。见图 5-33。

图 5-33　Frontpage 网站结构设计演示（五）

在主题列表框内选择应用的主题类型，单击右键，选择"应用为默认主题"，即可统一网站内所有网页的主题格式。见图 5-34。

图 5-34　Frontpage 网站结构设计演示（六）

（应用共享边框）点击菜单栏中的"格式"，选择"共享边框"，弹出"共享边框"对话框。在对话框内选择"所有网页"，选中"上""下"复选框及"包含导航按钮"，这时预览框的上下各多出一条虚线，表示包含共享边框的位置，点击"确定"按钮。见图 5-35。

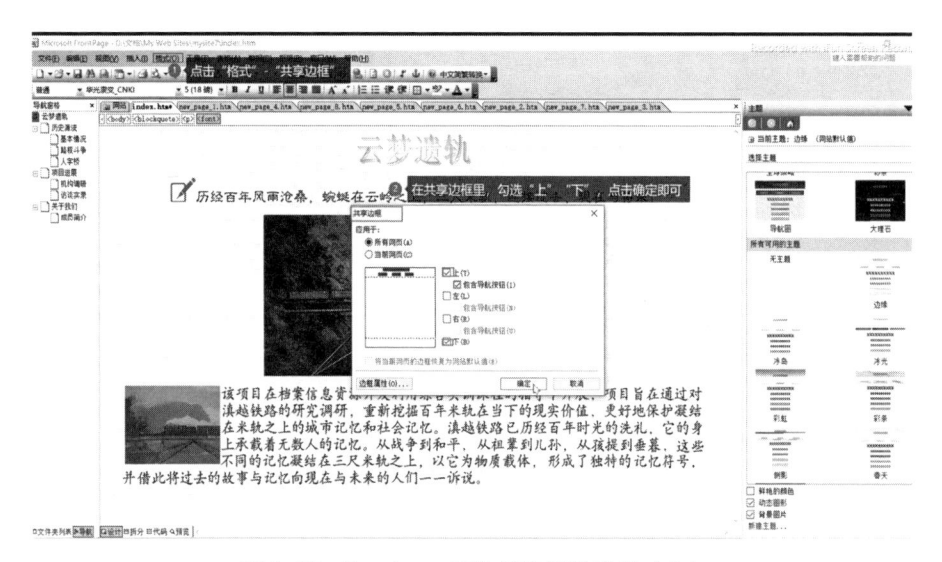

图 5-35　Frontpage 网站结构设计演示（七）

双击"编辑链接栏属性，以在此显示超链接"注释语句，弹出"链接栏属性"对话框，选择"子层"。按住 Ctrl 键，点击即可实现网页的跳转。见图 5-36 至图 5-38。

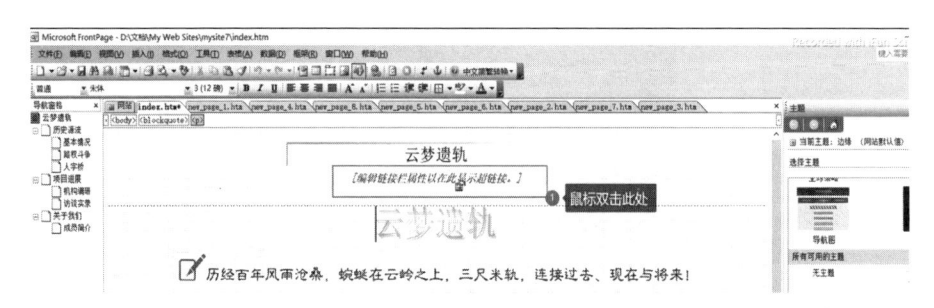

图 5-36　Frontpage 网站结构设计演示（八）

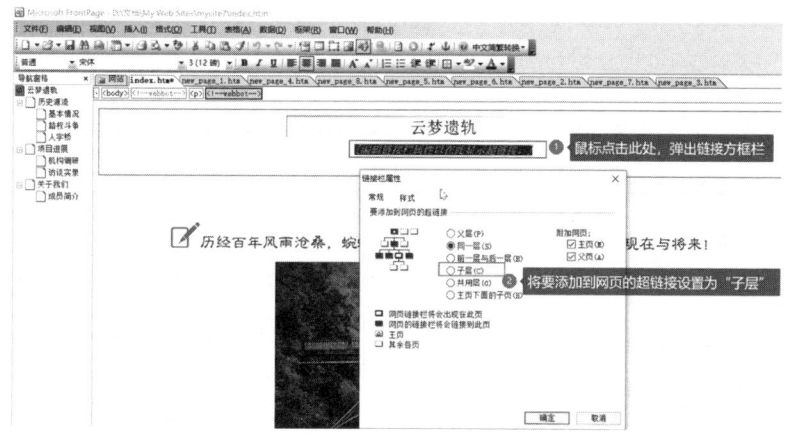

图 5-37 Frontpage 网站结构设计演示（九）

图 5-38 Frontpage 网站结构设计演示（十）

3. 新建网页

点击"文件"菜单栏，选择"新建"选项，在右边选择新建网页里的"空白网页"选项。见图 5-39。

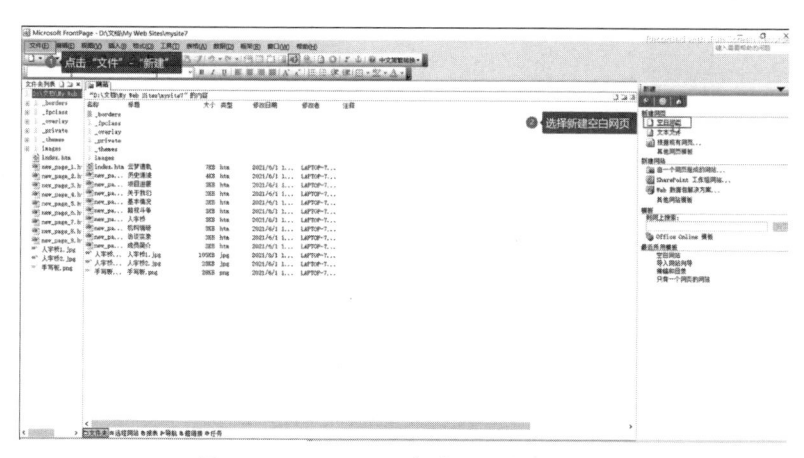

图 5-39 Frontpage 新建网页演示（一）

（插入表格）点击"表格"菜单栏，选择"插入"→"表格"。在弹出的表格对话框里，根据需要合理设置表格的行列数，点击确定即可。见图 5-40、图 5-41。

图 5-40　Frontpage 新建网页演示（二）

图 5-41　Frontpage 新建网页演示（三）

（插入滚动字幕）把光标定位到网页的最后，按一下回车键，这样就会插入一个空行；接着输入一段文字，按住鼠标左键选中这段文字；然后在菜单栏上选择"插入"菜单，选择"动态效果"→"字幕"命令，直接点击"完成"。这时弹出字幕属性对话框，在"文本"栏里添加文本内容即可。见图 5-42、图 5-43。

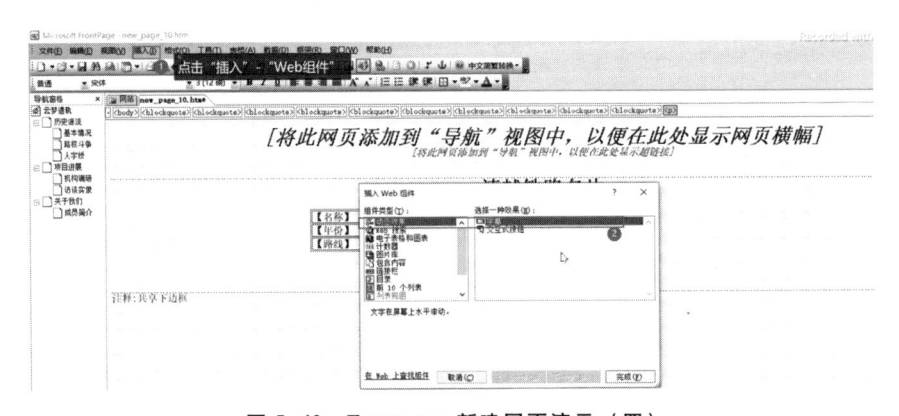

图 5-42　Frontpage 新建网页演示（四）

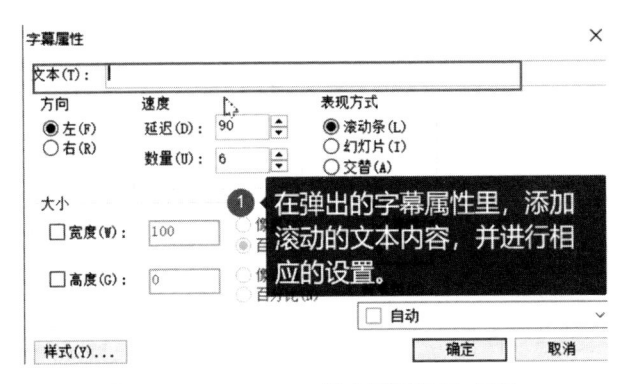

图 5-43　Frontpage 新建网页演示（五）

**4. 框架网页**

点击"文件"菜单栏，选择"新建"，在右边选择"新建网页"里的"其他网页模板"选项，在弹出的网页模板里选择"横幅和目录"，最后点击确定即可。见图 5-44。

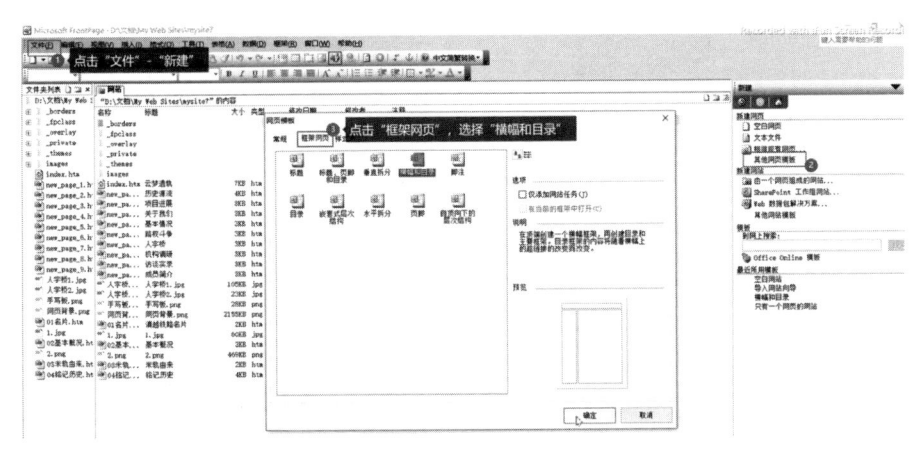

图 5-44　Frontpage 框架网页演示（一）

在横幅和目录框里添加文字内容，点击"设置初始网页"，选取某一网页作为该网站的初始页面。见图 5-45、图 5-46。

（插入超链接）选中要设置超链接的文字，在选中文字上点右键打开快捷菜单，选择"超链接"选项。在超链接对话框中设置超链接地址，然后点击"确定"按钮。见图 5-47。

图 5-45　Frontpage 框架网页演示（二）

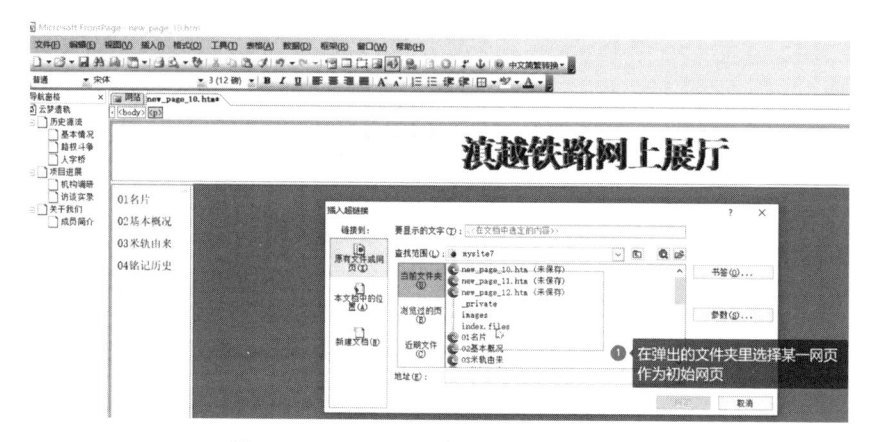

图 5-46　Frontpage 框架网页演示（三）

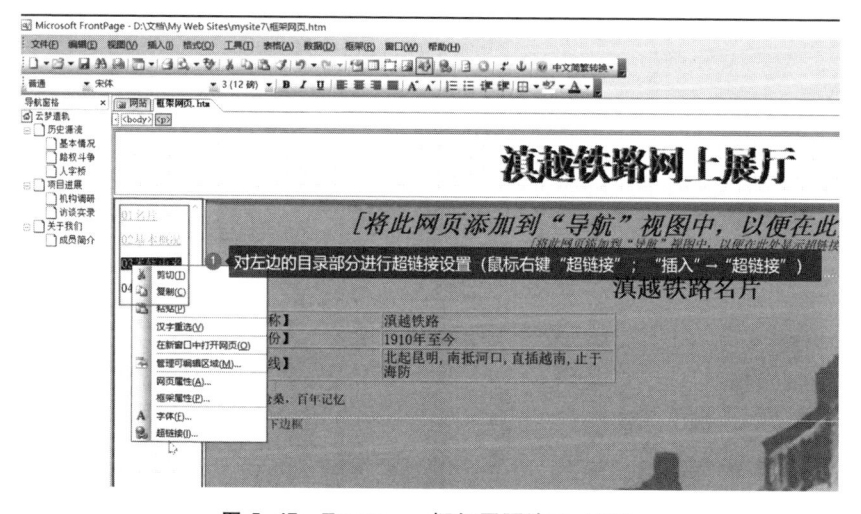

图 5-47　Frontpage 框架网页演示（四）

（制作网页按钮）依次点击网站框架里的网页，进行网页内容的链接。（以"基本情况"网页为例）见图 5-48。

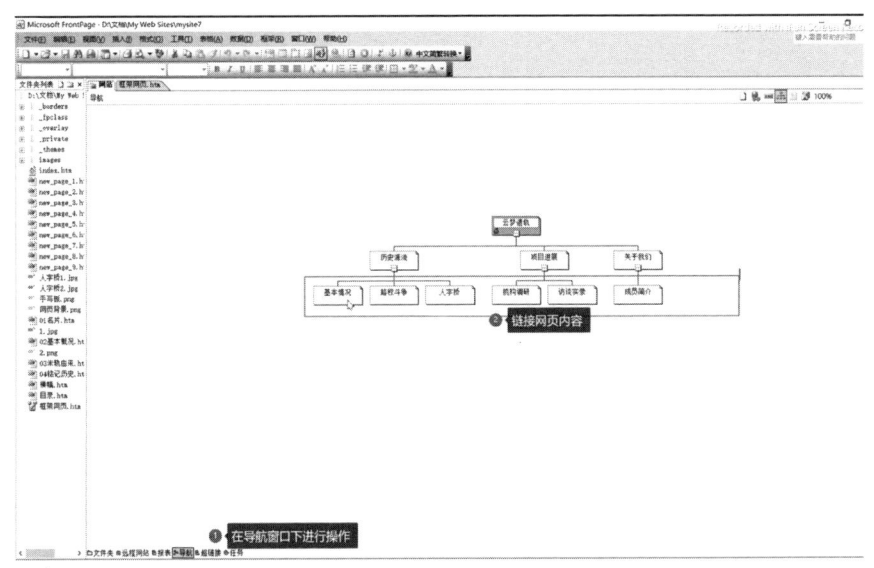

图 5-48  Frontpage 框架网页演示（五）

把光标移动到将要插入按钮的位置，单击"插入"菜单栏，选择"交互式按钮"。见图 5-49。

图 5-49  Frontpage 框架网页演示（六）

在弹出的"交互式按钮"对话框中，在"按钮"下拉框中选择按钮类型，在文本框输入按钮的文本，在链接框中输入按钮的链接。见图 5-50。

在弹出的"交互式按钮"对话框中，在"按钮"下拉框中选择按钮类型，在文本框输入按钮的文本，然后点击"文字"进行字体设置，调整显示字体的格式。

图 5-50　Frontpage 框架网页演示（七）

右键点击链接的文本内容（如"滇越铁路网上展厅"），选择"超链接"，在弹出的对话框界面里依次选择"原有文件或网页""当前文件夹"，将文本内容链接到相应的网页界面，最后点击确定即可。

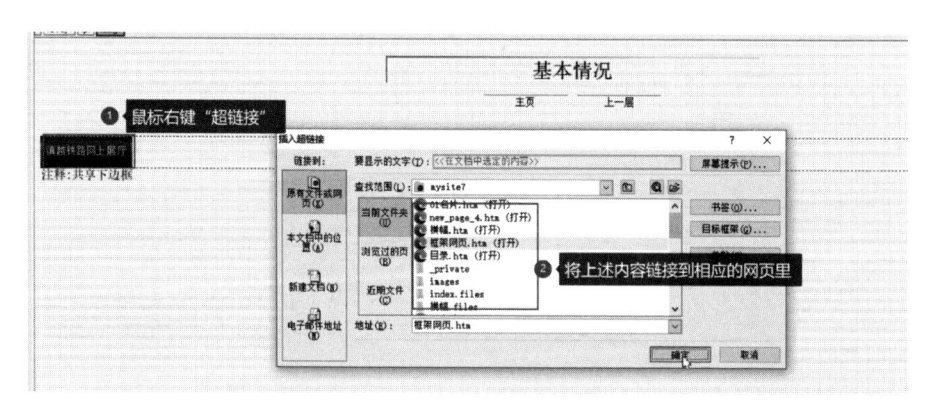

图 5-51　Frontpage 框架网页演示（八）

## 三　关联知识

### （一）概念

Dreamweaver，简称"DW"，中文名称为"梦想编织者"，是美国 Macromedia 公司所开发的一款集网页制作和网站管理于一身的"所见即所得"网页代码编辑器，2005 年 Macromedia 公司被 Adobe 公司收购，Dreamweaver 随即变成 Adobe 公司的主打产品之一。Dreamweaver 是第一套针对专业网页设计师的视觉化网页开发工具，利用对 Html、CSS、JavaScript 等内容的支持，设计师和程序员能够轻而易举地制作出跨越平台限制和跨越浏览器限制的充满动感的网页。

　　Frontpage，是 Microsoft 公司推出的一款网页制作入门软件。它的功能强大、操作方便，是目前最为流行的网页制作与站点管理工具之一。它采用图形化的界面以及所见即所得的工作方式，大大提高了网页制作的效率，也使广大非专业网页制作人员制作出精美的网页成为现实。

## （二）优劣比较

Adobe Dreamweaver、Frontpage 优劣比较见表 5-1。

表 5-1　Adobe Dreamweaver、Frontpage 优劣比较

| 对比内容 | | Adobe Dreamweaver | Frontpage |
| --- | --- | --- | --- |
| 软件（最新）版本 | | 2019 年 12 月 6 日（CC 2020） | 2007 年起停止更新（Frontpage 2003） |
| 兼容性 | | 注重不同浏览器平台上的兼容性 | 存储简易，运行空间小，能适用于各个版本的 IE 浏览器 |
| 产品定位 | 占领市场 | 网页设计高级市场 | 网页设计中级市场 |
| | 目标客户 | 专业用户，最好有网页设计基础 | 小制作的，网页制作初学者 |
| | 产品/服务 | 更强大的网页控制、设计能力及创意 | 网页的开发效率、易学易用 |
| 站点管理 | 站点查找 | 在不逐一打开每个文件的情况下可实现全站的整体查找和替换（Html 标记属性的查找功能） | 只可以实现全站查找，但做不到即时替换，需要对查找结果列表中的文件逐一打开替换 |
| | 项目细节 | 与 Frontpage 每个项目有详细说明不同，Dreamweaver 只有简单的断裂链接、外部链接和孤文件（Dreamweaver 通常会将表格背景图片识别为孤文件，在对其进行移动或更改名称时，不会提示更新链接） | 每个项目下都有详细的文件名称、标题、大小、类型和修改日期等说明，特有的报表视图还可显示未链接文件、慢速网页、较旧的文件、新增文件和未验证链接等项目细节 |
| | | 在站点管理方面，Frontpage 具有 Dreamweaver 及其他网页编辑软件所无法比拟的优势，其操作系统的集成性较好，在网站的创建、设置与站点发布方面比较简单、便捷 | |

续表

| 对比内容 | | Adobe Dreamweaver | Frontpage |
|---|---|---|---|
| 网页排版 | | 很少出现挪位现象，在版面设计过程中，属性面板浮现在设计面板上，易于更改 | 在用浏览器预览时易出现各个部分挪位的情况，且在版面设计过程中，需不断使用右键改变元素属性 |
| 源代码的使用 | | 编辑网页时产生的垃圾代码少，网页可读性好，可以提高网页浏览速度。但在制作网页的过程中形成的源代码界面比较模糊 | 网页代码的布局错落有致，不同程序呈现不同的颜色，方便更改网页源代码。Frontpage 代码冗长（在 Frontpage 中有许多附加目录，其中对应记录了站点每个文件的相关信息），且在编辑格式下没有任何标记，难以查找源代码的位置，不方便调试嵌入各种代码 |
| 插入图片 | | 必须使用插入图片的功能，而无法使用剪贴板的粘贴功能（需预先将图片存放在硬盘中） | 允许从任何软件复制或剪贴图片，因此图片不需要先存成文件 |
| 页面修饰 | 文字样式 | 贴到 Dreamweaver 中的图片无法显示，且文字的样式也改变了。文字挤在一起，段落无法区分 | 在编辑区中剪贴文字后，文字和图片能正常显示，且样式基本保持不变 |
| | 改变颜色、字体、边框 | 需要更改 Html 源代码或定义样式表来实现（借助层叠式样表完成） | 通过修改段落格式轻松完成 |
| | 添加生动有趣的修饰 | 可以使用框架、动画轴、表单、按钮、行为和时间线等页面元素，给浏览者更美的视觉体验 | 只能添加一些简单的动态网页（DHTML）效果。缺少动态元素，实现的是简单页面之间的跳转 |
| 批量制作修改网页（如网站标志、版权信息） | | Dreamweaver 提供"模板"功能，可快速实现大批量的制作、修改和更新网页，便于网站的管理和维护 | 需经过复制后粘贴到新网页，或将网页另存为新网页（复杂麻烦，易出错，尤其是网站需全面改版时，需一个一个地打开网页，再一个一个地修改） |
| 用户体验 | | Dreamweaver 在功能的完善上、使用的便捷性上比 Frontpage 要强。它囊括了 Frontpage 的所有基本操作，并开发了许多独具特色的设计新概念，诸如行为、时间线、资源库等，还支持层叠式样表（CSS）和动态网页（DHTML）效果。但 Frontpage 在细节的处理上更易轻松完成，如用表格排版、使用源代码、对搜索框进行修饰。<br>为了制作精彩的网页，用户应将 Dreamweaver 和 Frontpage 配合使用，即站点设置、网页排版与浏览器效果预览、模板制作等工作应在 Dreamweaver 中进行，而网页文字和图片的编辑、站点管理工作应在 Frontpage 中进行 | |

## （三）下载路径

Dreamweaver：https：//www.adobe.com/cn/products/dreamweaver.html.

Frontpage：https：//www.onlinedown.net/soft/580520.htm.

## （四）参考资料

| 参考书籍 | ①李静编著《Dreamweaver CC 网页设计从入门到精通》，清华大学出版社，2017。<br>②蔡鸿璋、陈国升主编《Dreamweaver CS6 网页设计与实训》，北京理工大学出版社，2018。<br>③全国专业技术人员计算机应用能力考试专家委员会编著《FrontPage 2003 网页设计与制作 5 日通》（光盘版），电子工业出版社，2012。<br>④腾飞科技编著《FRONTPAGE 2003 基础与实例精讲》，人民邮电出版社，2007。 |
| --- | --- |
| 参考教程 | 课外视频链接<br>［Dreamweaver］ https：//b23.tv/vSbA4H.<br>［Frontpage］ https：//b23.tv/bsSwAj.<br>课内操作演示<br>（Dreamweaver） （Frontpage） |
| 课外阅读案例 | 2019 年 9 月，浙江省档案馆数字档案馆系统通过国家档案局专家组测试，成为全国首家通过全国示范数字档案馆测试的省级档案馆。浙江省档案馆以局域网数字档案管理系统和电子档案长久保存系统，政务网电子文件归档接收系统和档案利用馆际共享服务系统，以互联网"浙江档案网"门户网站、浙江档案服务网和"浙里办"App等系统平台为依托，构建了存量数字化与增量电子化并重的数字档案资源体系，实现"一网查档、百馆联动"，系统建设规范、技术选择合理、整体水平先进，为浙江省电子政务建设和档案现代化管理提供重要支撑。http：//www.zjda.gov.cn/art/2020/5/9/art_1378521_42867864.html.<br><br>2017 年 5 月 15 日，国务院办公厅发布的《政府网站发展指引》提出了"网页归档"的要求，明确了"政府网站遇整合迁移、改版等情况，要对有价值的原网页进行归档处理。归档后的页面要能正常访问，并在显著位置清晰注明'已归档'和归档时间"。http：//www.gov.cn/zhengce/content/2017-06/08/content_5200760.htm.<br><br>2019 年 12 月国家档案局发布的《政府网站网页归档指南》（DA/T 80—2019）从总则、归档范围和保管期限、收集、整理、移交接收、网页归档功能模块要求等方面，为政府网站网页归档工作提供了规范和参考。https：//www.saac.gov.cn/daj/hybz/201912/5e653e193bd747659d78783c8c4c8818.shtml |

## （五）课后练习题

1. 你认为网站的建设会对档案工作实践产生怎样的影响？

2. 相较于传统的档案编研工作，基于档案网站的编研工作有何优点？

3. 以省为单位，选取几家档案门户网站，比较分析档案网站建设中存在的共性问题和不足，针对这些问题和不足，你有什么改良建议？

4. 如何利用馆藏内容信息特色，来建立具有特色的专业档案网站？（找出国内外优秀案例进行分析）

5. 除了 Dreamweaver、Frontpage 两种软件，档案网站建设还可以使用哪些网页设计软件？

## 四　案例鉴赏

（一）网站制作案例

（二）数据库制作案例

# 第六章　电子杂志软件实训

## 一　互动课堂

### （一）档案文创编研中的电子杂志制作

"推动媒体融合发展、建设全媒体成为我们面临的一项紧迫课题"，这是习近平总书记在中共中央政治局第十二次集体学习时的重要讲话，鲜明指出了我国媒体融合发展的紧迫性和重要性。此外，国家档案局也强调应加强"与广播电台、电视台、网络平台等媒体合作，推出档案文献专题片、融媒体产品"。由此可见，传统媒体与新媒体技术的融合已然成为一种趋势。

近年来，电子杂志发展势头强劲，这是信息时代背景下媒体融合发展的必然态势，同时，也是由于电子杂志本身具有纸质杂志不可比拟的优势。比如：电子杂志的容量远大于纸质杂志，一本电子杂志往往可以承载成百上千本纸质杂志的内容；电子杂志体积小、重量轻，便于随身携带；电子杂志具有精确检索功能，读者很容易找到自己感兴趣的内容，并可嵌入多媒体信息，实现文本的放大或缩小，还可以通过超链接使阅读更为方便高效；电子杂志的内容获取更方便，信息传播得更快，一本纸质杂志从出版社到读者手中可能要几个小时甚或几天，而电子杂志，快到几秒钟即可实现。如果让你选择，你愿意选择纸质杂志还是电子杂志呢？哪种形式更符合你的阅读习惯呢？

### （二）档案信息宣传

随着新媒体技术的发展，传统线下的档案宣传方式已不能凸显较多优势，其宣传范围、宣传时间都受到极大限制，宣传效果大打折扣。档案电子杂志，既是档案信息资源开发利用的重要形式，也是档案部门宣传档案、档案工作、

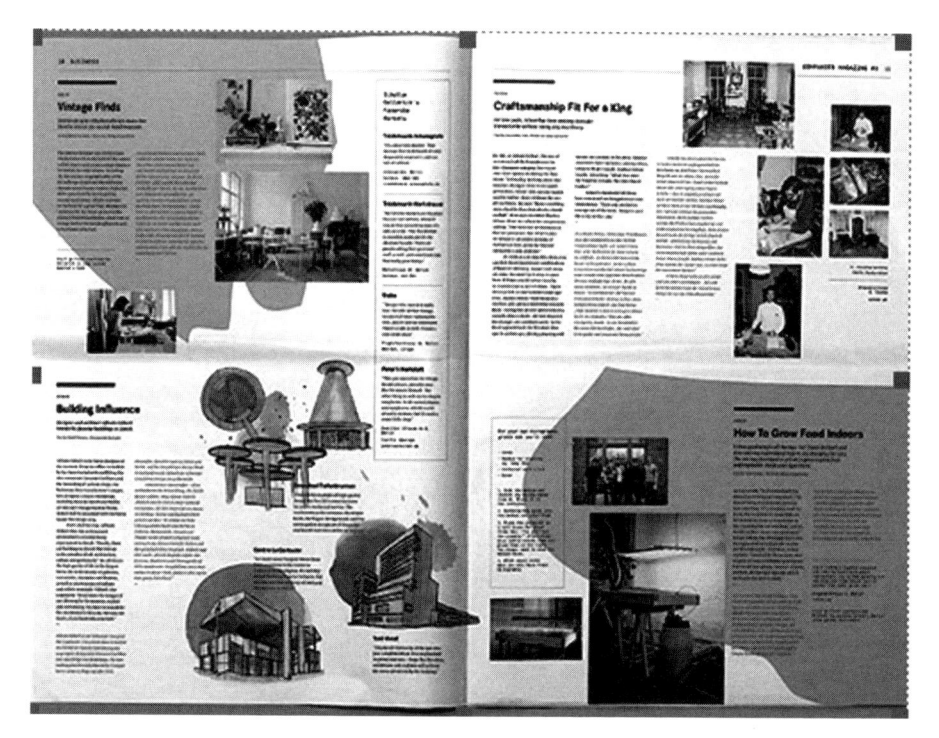

图 6-1　纸质杂志

图 6-2　电子杂志

档案人员的重要途径。它兼具平面与互联网的特点，融入了图像、文字、声音、视频、游戏等动态元素，可以直接通过浏览器跨平台阅读，使得各种移动设备也能无障碍地看到原版矢量电子杂志，大大提升了用户的阅读体验。同时，电子杂志以其传播速度快、传递范围广、信息容量大等优点能够达到更好的档案信息宣传效果。请思考一下，你平时是通过哪些渠道获取档案信息的呢？你更希望档案部门通过哪些渠道来向你推送信息呢？

## 二　实景课堂练习

图 6-3　电子杂志软件操作演示

### （一）ZMaker 操作演示

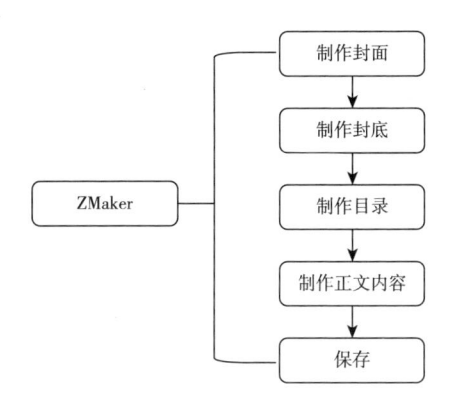

图 6-4　ZMaker 操作演示

电子杂志包括四个元素：封面、目录、正文内容、封底。（预先将制作电子杂志封面、目录、正文内容、封底所需的图片、文字等材料集中放在

一个文件夹中，以备使用）

1. 制作封面

点击"添加"，添加封面，随后可在右下角的"模板原件"中对封面的文字与图片内容进行编辑修改。见图6-5、图6-6。

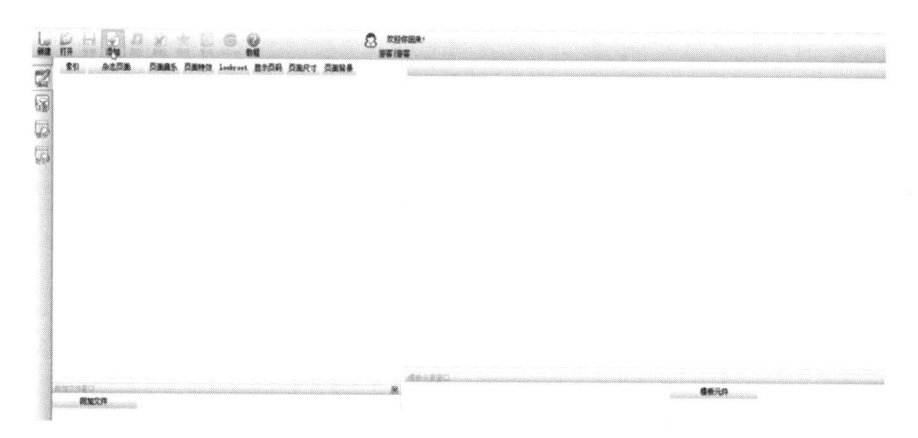

图 6-5　ZMaker 封面制作（一）

图 6-6　ZMaker 封面制作（二）

2. 制作封底

点击"添加"，添加封底，同样可在右下角的"模板原件"中对封底的文字与图片内容进行编辑修改。见图6-7。

图 6-7　ZMaker 封底制作

3. 制作目录

点击"封面",点击鼠标右键→"添加空白页",将空白页命名为"目录",然后点击"编辑页面",依次点击"添加图片""添加文本""添加视频""属性"等功能键对目录页进行设置。最后点击鼠标右键,选择"设置为目录"。见图 6-8 至图 6-12。

图 6-8　ZMaker 目录制作(一)

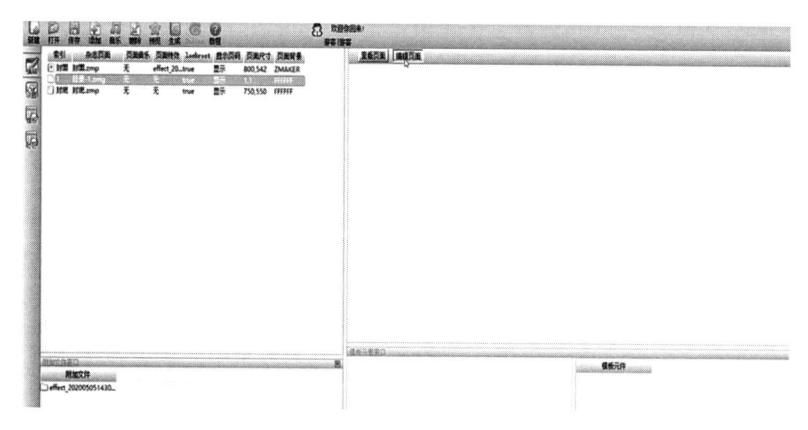

图 6-9　ZMaker 目录制作（二）

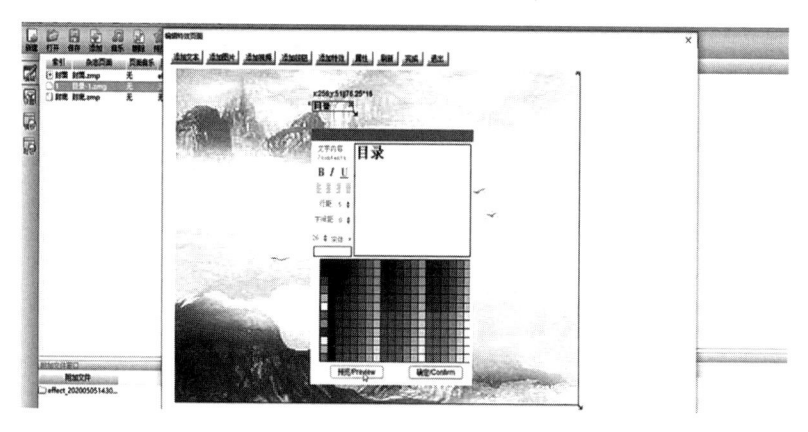

图 6-10　ZMaker 目录制作（三）

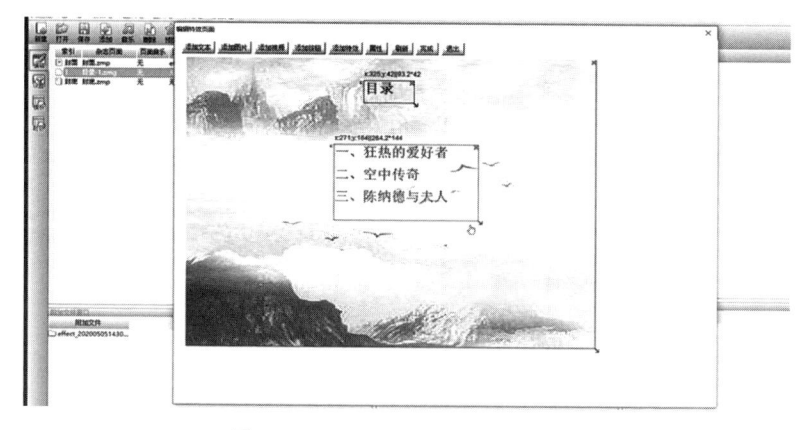

图 6-11　ZMaker 目录制作（四）

图 6-12 ZMaker 目录制作（五）

4. 制作正文内容

根据目录来制作电子杂志正文内容。点击"添加"，添加该电子杂志正文内容的背景模板，同样在"模板原件"中逐一更改正文图片与文字内容。见图 6-13、图 6-14。

图 6-13 ZMaker 正文内容制作（一）

图 6-14　ZMaker 正文内容制作（二）

5. 保存

为整个电子杂志添加背景音乐，点击"页面音乐"，在下拉框选择"浏览"背景音乐所在文件夹。随后点击"预览"，预览已制作的电子杂志效果，最后点击"生成"，可对杂志的名称、图标、保存路径等进行设置。见图 6-15 至图 6-17。

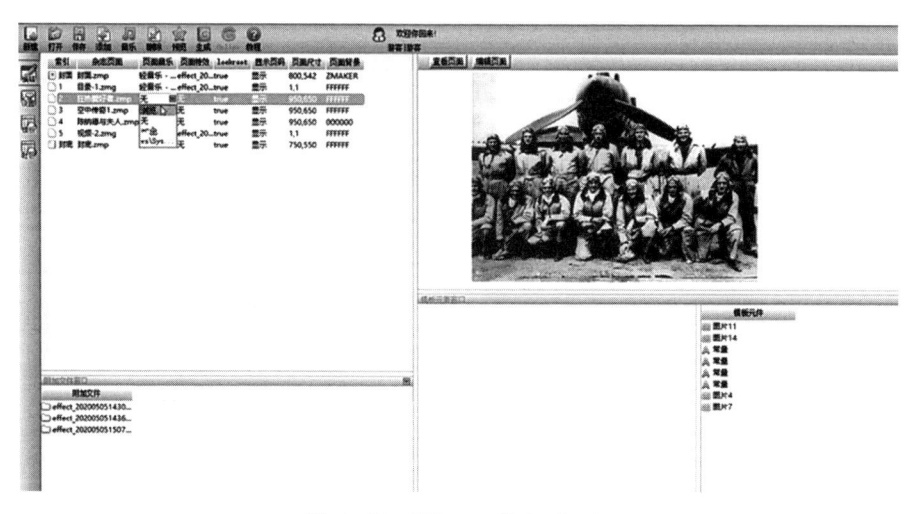

图 6-15　ZMaker 保存（一）

图 6-16　ZMaker 保存（二）

图 6-17　ZMaker 保存（三）

## （二）iebook 操作演示

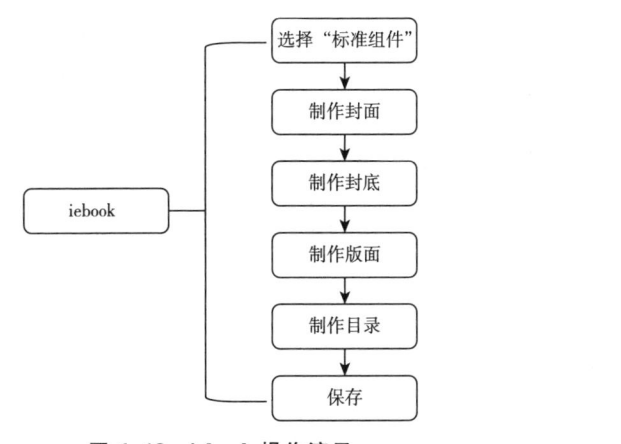

图 6-18　iebook 操作演示

1. 选择"标准组件"

打开 iebook,选择"电子杂志(商刊)制作"→"标准组件"。然后点击"标准组件",可对"自动翻页""全局音乐""翻页声音""内页中缝阴影"等进行设置,也可以直接按照默认格式进行操作。见图 6-19、图 6-20。

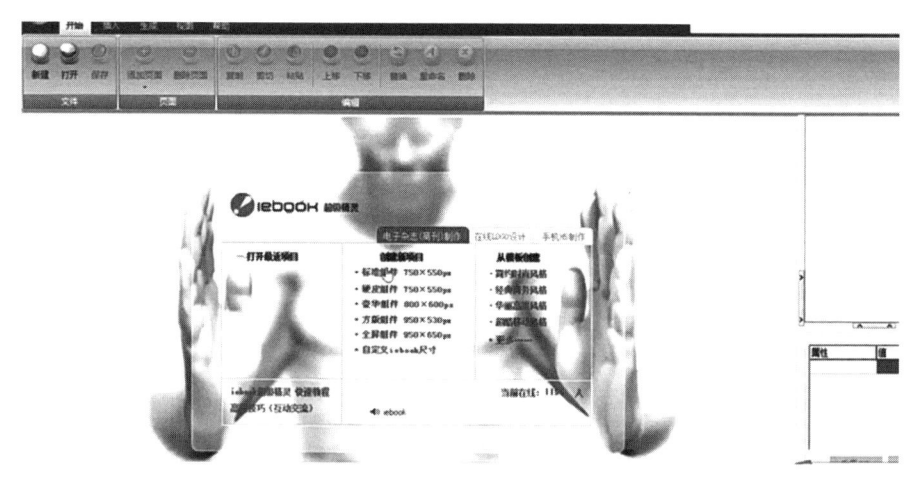

图 6-19　iebook 制作(一)

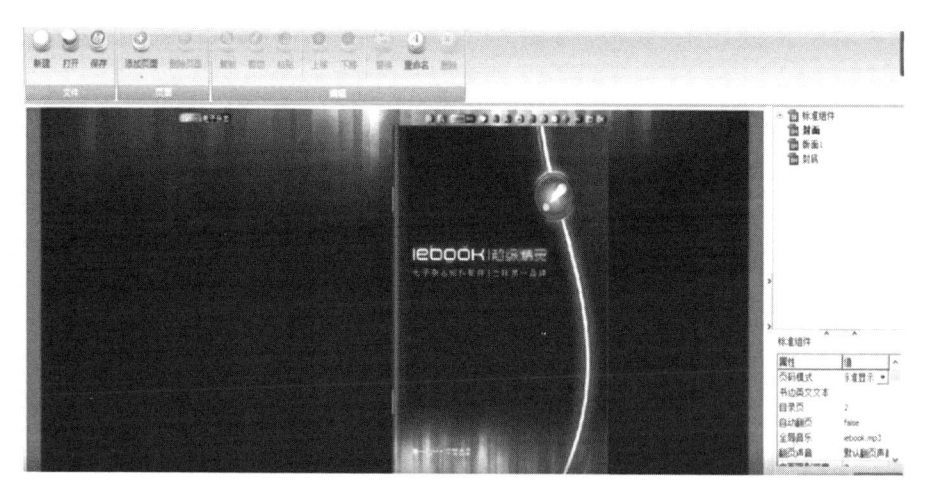

图 6-20　iebook 制作(二)

2. 制作封面

点击"封面",将"页面背景"设置为"使用背景文件",在"背景值"中选背景图片。见图 6-21、图 6-22。

图 6-21　iebook 封面制作（一）

图 6-22　iebook 封面制作（二）

3. 制作封底

点击"封底",将"页面背景"设置为"使用背景文件",在"背景值"中选择封底图片。见图 6-23。

图 6-23 iebook 封底制作

4. 制作版面

点击"开始"→"添加页面"→"4"（这里假设页面数目为4）。制作版面1，双击"版面1"，插入版面1的背景图，点击"插入"→"图片"为版面1添加图片，再点击"插入"→"文字"→"可编辑文本"→"文本"，为版面1添加文本内容，然后点击"保存"，保存版面1。版面2、版面3、版面4等均可按照以上步骤进行制作。（若其他版面需要插入Flash动画、音乐等，点击"插入"→"Flash动画"或"音乐"等即可，与插入文本内容操作基本一致）见图6-24至图6-26。

图 6-24 iebook 版面制作（一）

图 6-25　iebook 版面制作（二）

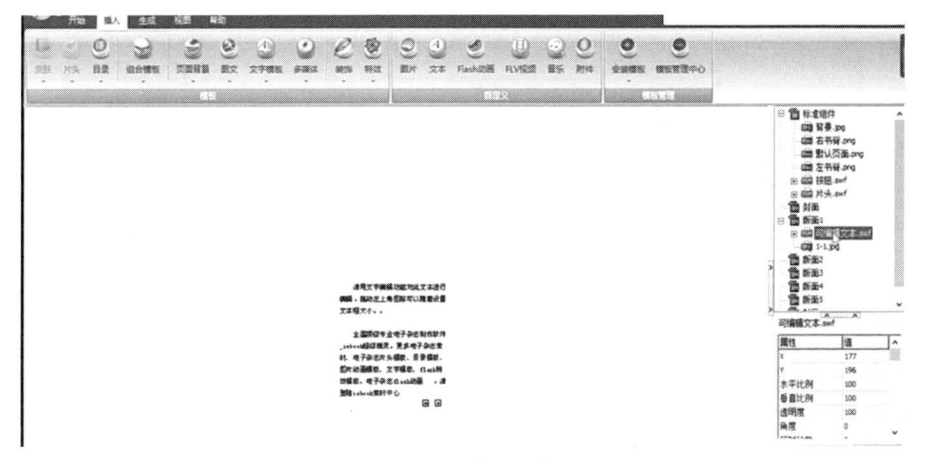

图 6-26　iebook 版面制作（三）

5. 制作目录

点击"插入"→"目录"，点击鼠标右键，选择"移至顶层"，将目录页放置在封面的后面。再点击"插入"→"文字"→"可编辑文本"→"文本"，为目录添加文本内容。见图 6-27。

6. 保存

点击"标准组件"，再点击"全局音乐"→"添加音乐"，为整个电子杂志添加音乐。或可以直接点击"生成"→"杂志设置"，设置杂志名称、保存路径等，最后点击"生成"→"生成 EXE 杂志""保存"即可。见图 6-28、图 6-29。

图 6-27　iebook 目录制作

图 6-28　iebook 保存（一）

图 6-29　iebook 保存（二）

## 三 关联知识

### （一）概念

ZMaker 是一款以全民制作杂志为目的的电子杂志制作软件。软件以社区的形式，为制作者提供了丰富的资源，从模板、特效到教程，一步一步帮助你打造属于自己的电子杂志。你只需要准备好精美的图片、文字、背景音乐或视频，然后逐个添加到 ZMaker 中，接着设置对象显示的位置、超链接等，一本图文并茂的电子杂志就诞生了。

iebook 是飞天传媒研发推出的一款互动电子杂志平台软件，iebook 以影音互动的全新数字内容为表现形式，有数码杂志发行、派送、自动下载、分类、阅读、数据反馈等功能。iebook 超级精灵是全球第一家融入互联网终端、手机移动终端和数字电视终端三维整合传播体系的专业电子杂志（商刊、电子画册）制作推广系统。软件中建立构件化模板库，自带多套精美 Flash 动画模板及 Flash 页面特效，软件使用者通过更改图文、视频即可实现页面设计、自由组合，呈现良好制作效果；操作简单方便，可协助软件使用者轻松制作出集高清视频、音频、Flash 动画、图文等多媒体效果于一体的电子杂志（电子商刊、画册）。

### （二）优劣比较

ZMaker、iebook 优劣比较见表 6-1。

表 6-1　ZMaker、iebook 优劣比较

| 对比内容 | ZMaker | iebook |
| --- | --- | --- |
| 便捷性/专业性 | ZMaker 界面简洁明了，但操作起来需具备一定难度，要想制作出较好的电子杂志，需要具备一定的专业基础（如 Flash 基础等） | 相较于 ZMaker，iebook 操作更为简单，更适合新手操作，不需要具备任何专业 Flash 技术便可以轻松制作出电子杂志 |
| 学习成本 | 较低 | 较低 |
| 内存占用 | 9MB 左右 | 256MB 左右 |
| 运行环境 | WinAll | Windows　XP/Win7/Win8/Win10 |
| 是否收费 | 免费 | 收费、免费（有广告） |

续表

| 对比内容 | ZMaker | iebook |
|---|---|---|
| 用户体验 | ZMaker 是一款免费且无广告的专业性软件,制作出来的杂志较为专业。ZMaker 的自由度也比 iebook 高,但有些具体的编辑功能不如 iebook 细致,如只能插入、替换图片,无编辑功能 | iebook 是一款非常实用的制作工具软件,功能多样,操作简单方便,可轻松制作出集高清视频、音频、Flash 动画、图文等多媒体效果于一体的电子杂志、logo 设计等。在 iebook 具体操作时,也可对图片进行修改背景、调节透明度、旋转角度等多功能操作 |

### (三) 下载路径

ZMaker: https://www.onlinedown.net/soft/45019.htm.

iebook: http://power.iebook.cn/.

### (四) 参考资源

1. 教程

(1) 课外视频链接

ZMaker:

https://www.bilibili.com/video/BV1vA411M7Xi?from = search&seid = 340150967404399429&spm_id_from = 333.337.0.0.

iebook:

https://www.bilibili.com/video/BV19s411m7Te?from = search&seid = 2620078627142438600&spm_id_from = 333.337.0.0.

(2) 课内操作演示

2. 案例

（1）上海档案信息网设有"电子杂志"板块，点击该板块，可以了解《上海档案》每期的期刊目录信息。http：//www.archives.sh.cn/dzzz/shda/.

（2）江苏档案信息网设有"《档案与建设》杂志"板块，通过该板块可以了解到《档案与建设》每期的期刊目录信息。http：//www.dajs.gov.cn/col/col64/index.html.

## （五）课后思考题

1. 请列举纸质杂志与电子杂志的优缺点。
2. 除上述软件外，还有哪些常用的软件可用于制作电子杂志？
3. 在利用上述软件制作档案类电子杂志时，应注意什么问题？
4. 如何利用电子杂志制作软件创新档案信息资源开发利用形式？

## 四 案例鉴赏

（一）电子杂志制作案例

（二）档案信息宣传制作案例

# 参考文献

## 一 图书

教育部高等学校教学指导委员会编《普通高等学校本科专业类教学质量国家标准》，高等教育出版社，2018。

姜永生编著《信息化教学概论》，中国铁道出版社，2018。

陈燕燕编著《可视化教学资源设计与制作案例精粹——从幻灯演示到增强现实（微课版）》，清华大学出版社，2017。

文杰书院编著《计算机常用工具软件入门与应用》，清华大学出版社，2017。

王世颖：《30分钟打造PPT演讲》，中国青年出版社，2018。

计育韬、谢礼浩、朱睿楷：《从入门到精通Prezi完全解读》，电子工业出版社，2015。

汪斌、王先斌、杨桃编著《Prezi演示进阶之路》，电子工业出版社，2016。

柏松编著《一分钟秘笈：美图秀秀照片处理》，清华大学出版社，2012。

顾领中：《PS高手炼成记 Photoshop CC 2017从入门到精通》，人民邮电出版社，2017。

柏松编著《一分钟秘笈：光影魔术手照片处理》，清华大学出版社，2012。

张冰、张诚、李世举等：《GoldWave音频视频信息处理技术应用指南》，黄河水利出版社，2009。

丁爱萍：《Windows 10应用基础》，电子工业出版社，2018。

晶辰创作室编著《如何用电脑制作家庭电影》，科学普及出版社，2009。

华天印象编著《会声会影X8实用教程》，人民邮电出版社，2017。

王向军编著《网络编辑实务 网络信息内容建设与运营》第2版，西南交通大学出版社，2019。

潘兰慧、卢冰玲：《高等职业院校"十三五"规划教材 二维动画制作案例教程 Flash CS6+万彩动画大师+H5》，中国铁道出版社，2019。

张海、陆萍、王悦作：《匠心微课 精品微课设计与制作 4.0》，中华工商联合出版社，2020。

宋协栋：《Dreamweaver 网页设计与制作》，北京理工大学出版社，2017。

文杰书院编著《Dreamweaver CC 中文版网页设计与制作》，清华大学出版社，2017。

何媛媛主编《网页设计基础教程》，辽宁大学出版社，2019。

程家兴：《计算机应用基础》第 2 版，北京师范大学出版社，2019。

余爱云：《电子商务网站建设及维护管理》第 2 版，北京理工大学出版社，2018。

曾斌、郭晓功主编《网页设计与制作项目教程》，江西高校出版社，2017。

蔡锦成主编《电子文档制作 PC、iPad 和 Android》，西南交通大学出版社，2015。

## 二 论文

### （一）学位论文

辛冠雅：《基于斧子演示的高中生物学微课设计探索》，山东师范大学，硕士学位论文，2018。

周莉：《我国档案网站建设的问题与对策研究》，安徽大学，硕士学位论文，2010。

曲菁菁：《基于档案网站的档案编研工作研究》，黑龙江大学，硕士学位论文，2015。

卢莲凤：《Focusky 与 PowerPoint 在高中生物学教学中的比较与实践研究》，广西师范大学，硕士学位论文，2019。

王海峰：《基于 Focusky 软件的高中地理教学模式研究》，杭州师范大学，硕士学位论文，2017。

### （二）学术论文

余贞、吴昱麟：《AxeSlide 在气象信息多媒体服务中的应用研究》，《电脑知识与技术》2018 年第 13 期。

马楠：《档案网站建设中的问题与对策》，《信息通信》2017 年第 11 期。

赵燕萍：《论个人网站的建设与应用》，《科学之友》2011 年第 1 期。

王晓园、徐辛酉、刘娟娟、昌珍霞、张琳：《新文科背景下档案学专业非理论讲授方法及其效度考核》，《档案学通讯》2021 年第 1 期。

金波：《紧抓新文科建设机遇 推动学科转型发展》，《图书与情报》2020 年第 6 期。

崔旭、李佩蓉、解解、李姗姗：《我国省级档案网站互动式信息服务"期望－满意指数"测评体系建构、验证及优化策略》，《档案学研究》2021 年第 5 期。

李宏伟：《浅谈信息时代的档案编研与开发利用》，《档案学研究》2017 年第 S2 期。

董思琦、李颖：《数据时代档案编研工作发展策略研究》，《山西档案》2020 年第 1 期。

高大伟、陈阿辉、丁晓雪、张伟茵：《意义赋值、资源重塑和技术赋能：档案虚拟仿真实验教学改革研究与实践》，《档案学研究》2021 年第 5 期。

陈雪燕、于英香：《从档案管理走向档案数据管理：大数据时代下的档案管理范式转型》，《山西档案》2019 年第 5 期。

朱兵艳、刘士祥：《演示软件 Focusky 在微课制作中的应用——兼谈与 Prezi 之比较》，《中国教育信息化》2017 年第 8 期。

王安然、刘照、张潮：《多元平台在动画型微课制作中的视听呈现和应用对比研究》，《江苏科技信息》2020 年第 31 期。

陈明勇：《基于会声会影的视频编辑与制作》，《硅谷》2012 年第 19 期。

张双：《微课开发中的视频制作技术研究》，《当代教育实践与教学研究》2017 年第 1 期。

鄂晶晶：《网页制作技术 FrontPage，Dreamweaver，JSP，ASP 的比较》，《内蒙古科技与经济》2007 年第 6 期。

赵燕：《用 Dreamweaver 和 Frontpage 共同打造精彩的网页》，《计算机与网络》2004 年第 20 期。

李明、宣善立：《FrontPage 与 Dreamweaver 在网页制作中的互补》，《微型机与应用》2002年第10期。

闫英琪、吴普、景丽、郑伯荣：《利用iebook软件制作项目简报》，《电脑学习》2009年第3期。

王美霞：《浅析热门电子杂志制作软件》，《计算机时代》2013年第11期。

李娜：《面向移动环境的电子杂志开发与应用》，《硅谷》2015年第2期。

## 三　网址

《在2020年全国档案局长馆长会议上的报告》，2021年1月7日，https：//www.saac.gov.cn/daj/yaow/202101/2d00d00de2c54e9b87bd429843ba98b2.shtml。

百度百科，https：//baike.baidu.com/item/光影魔术手/10005173？fr=aladdin。

吴晓波个人网站，https：//www.5xiaobo.com/。

邹志强个人网站，http：//www.zouzhiqiang.com/。

Microsoft Office PowerPoint，百度百科，https：//baike.baidu.com/item/Microsoft%20Office%20PowerPoint/888571？fr=aladdin。

Prezi，百度百科，https：//baike.baidu.com/item/prezi。

Focusky，动画演示大师官方网站，http：//www.focusky.com.cn/。

图书在版编目(CIP)数据

档案信息资源开发利用综合实训教程 / 胡莹等著
. -- 北京：社会科学文献出版社，2023.12
　ISBN 978-7-5228-0649-5

　Ⅰ.①档…　Ⅱ.①胡…　Ⅲ.①档案利用-教材　Ⅳ.
①G273.5

　中国版本图书馆 CIP 数据核字(2022)第 166487 号

## 档案信息资源开发利用综合实训教程

著　　者 / 胡　莹　钱　红　郭丹燕　张夏子钰

出 版 人 / 冀祥德
责任编辑 / 李建廷
责任印制 / 王京美

出　　版 / 社会科学文献出版社(010)59367215
　　　　　　地址：北京市北三环中路甲 29 号院华龙大厦　邮编：100029
　　　　　　网址：www.ssap.com.cn
发　　行 / 社会科学文献出版社（010）59367028
印　　装 / 三河市东方印刷有限公司

规　　格 / 开　本：787mm×1092mm　1/16
　　　　　　印　张：12　字　数：196 千字
版　　次 / 2023 年 12 月第 1 版　2023 年 12 月第 1 次印刷
书　　号 / ISBN 978-7-5228-0649-5
定　　价 / 128.00 元

读者服务电话：4008918866

版权所有 翻印必究